Ulrich Barnickel

Metall an historischen Gebäuden

Reihe Altbaumodernisierung
Herausgegeben
von Manfred Gerner

Ulrich Barnickel
Metall an historischen Gebäuden

Geschichte, Gestaltung, Restaurierung

Deutsche Verlags-Anstalt
Stuttgart München

Die Deutsche Bibliothek – CIP-Einheitsaufnahme
Ein Titeldatensatz für diese Publikation ist bei
Der Deutschen Bibliothek erhältlich

Die Abbildung auf der Vorderseite des Umschlags zeigt ein Kellerfenstergitter in Weimar, um 1910

© 2002 Deutsche Verlags-Anstalt GmbH, Stuttgart München
Alle Rechte vorbehalten
Typographische Gestaltung: Martina Gronau
Grafische Gestaltung, Satz und Herstellung: Die Herstellung, Stuttgart
Umschlaggestaltung: Büro Klaus Meyer, München
Lithographie: Repro Schmid, Stuttgart
Druck und Bindung: Friedrich Pustet, Regensburg
Printed in Germany
ISBN 3-421-03407-9

Inhalt

Historische Metallverarbeitung/Vorwort des Herausgeber		9
1	**Geschichte des Eisens – die Metalle**	**11**
1.1	Gewinnung des Eisens	15
1.2	Einteilung der Metalle	17
1.2.1	Eisenmetalle	17
1.2.1.1	Stähle	17
1.2.2	Nichteisenmetalle	18
1.3	Eigenschaften der Metalle	19
2	**Entwicklung der Metallverarbeitung in Europa**	**20**
2.1	Eisenhandel	20
2.2	Die Anfänge der schmiedetechnischen Verarbeitung des Eisens in Europa	20
2.3	Stilentwicklung	21
2.3.1	Romanik	21
2.3.2	Gotik	24
2.3.3	Renaissance	30
2.3.4	Barock	35
2.3.5	Rokoko	41
2.3.6	Klassizismus	46
2.3.7	Historismus	49
2.3.8	Jugendstil	52
2.3.9	Art déco	55
2.3.10	Bauhaus	56
2.3.11	Die Zeit zwischen 1933 und 1945	57
2.3.12	Nachkriegszeit und Wiederaufbau	58
2.3.13	Gegenwart	59
3	**Metallobjekte an historischen Gebäuden**	**61**
3.1	Beschläge	62
3.2	Schlösser	63
3.3	Schlüssel	69

4	**Das Denkmal als Teil unserer Kultur**	**70**
4.1	Der Denkmalbegriff	70
4.2	Die Bewertungskriterien	71
4.3	Ergänzungs- und Austauschmaterialien, Charta von Venedig	72
4.4	Anforderungen an den Metallbearbeiter	73
4.5	Dokumentation	74
5	**Die Metalle**	**77**
5.1	Eisen und Stahl	77
5.1.1	Werkstoffprüfung	78
5.1.2	Gusseisen	78
5.1.3	COR-TEN (A und B)	79
5.2	Nichteisenmetalle – Schwermetalle	79
5.2.1	Kupfer	80
5.2.1.1	Messing	81
5.2.1.2	Tombak	81
5.2.1.3	Neusilber	81
5.2.1.4	Bronze/Bronzeguss	81
5.2.2	Blei	82
5.2.3	Zinn	82
5.2.4	Zink	83
5.2.5	Nickel	84
5.2.6	Chrom	84
5.2.7	Edelstahl	84
5.3	Nichteisenmetalle – Leichtmetalle	85
5.3.1	Aluminium	85
5.3.2	Magnesium	85
5.3.3	Titan	85
5.4	Edelmetalle	86
5.4.1	Gold	86
5.4.2	Silber/Silberlote	86
5.4.3	Platin	87
6	**Restaurierung und Rekonstruktion von Metallen am Bau**	**88**
6.1	Schmieden	88
6.2	Schmiedetechniken	89
6.3	Korrosion von Eisen, Stahl und Stahlguss	95
6.3.1	Korrosionsschutz	96
6.3.1.1	Metallüberzug	96

6.3.1.2	Emailüberzug	96
6.3.1.3	Farb- oder Schutzanstrich	97
6.3.1.4	Farbgebung in und an historischen Bauwerken	97
6.3.1.5	Färben metallischer Oberflächen	98
6.3.1.6	Färben von Eisenguss	99
6.4	Korrosion der Nichteisenmetalle	99
7	**Beispiele für Metallrestaurierungen**	**104**
7.1	Zinnsarkophage, Unionskirche in Idstein im Taunus	104
7.2	Dachaufsätze, Schloss Philippsruhe in Hanau, Hessen	108
7.3	Fahnenstangenhalter »Adler« in Chemnitz, Sachsen	110
7.4	Truhe, Ronneburg bei Büdingen, Hessen	112
7.5	Deckenlampe (Ampel)	114
7.6	Schmiedeeiserne Gitter, Dornburger Schlösser, Thüringen	115
7.7	Bockdampfmaschine aus Eisenguss/Stahl, Amthorpassagen in Gera, Thüringen	117

Anhang

	Quellen	121
	Register	123
	Bildnachweis	127

Historische Metallbearbeitung
Vorwort der Herausgebers

Die Schmiede üben, neben Zimmerleuten und Steinmetzen, einen der ältesten Berufe aus, die sich aus haushandwerklichen Traditionen entwickelten. Können und Kunst der Schmiede waren und sind gewissermaßen materialspezifisch. So war es nur selbstverständlich, dass sich im hohen Mittelalter ihr Tätigkeitsfeld nicht nur nach den Erzeugnissen weiter untergliederte in Berufe wie Waffenschmiede, Scherenschmiede, Nagelschmiede, Sensenschmiede oder Hufschmiede, sondern mehr noch nach den Werkstoffen, den Metallen, in Kupferschmiede oder Gold- und Silberschmiede.

Ausschlaggebend für die Formen waren die Funktionsansprüche, die verwendeten Werkzeuge, Arbeitsmethoden, vor allem aber das jeweilige Metall und was Schmiede aufgrund optimierter Erfahrung jeweils imstande waren aus einem Metall zu formen. Die Kettenbrücken, die Kettenbrückenschmied Chakzampa Thangtong Gyalpo in Tibet und Bhutan um das Jahr 1400 aus geschmiedeten Eisengliedern schuf und die zum Teil heute noch benutzt werden, und die Ehrengitter zahlloser barocker Schlösser und Residenzen, wie etwa in Würzburg, am Buckingham Palace in London und im Gothaer Schloss, sind beredte Beispiele für die Kunst im Umgang mit Chemie und Physik, mit dem Vorstellungsvermögen, den Formen und nicht zuletzt den Körperkräften.

Der Autor dieses Bandes der Reihe Altbaumodernisierung, Ulrich Barnickel, Bildhauer und Schmied, führt deshalb zunächst mit vielen Beispielen stichwortartig in die Entwicklung des Schmiedens, weitergehend der Metallbearbeitung ein und gibt damit dem Nutzer dieses Ratgebers ein sicheres Raster zur Einordnung von Techniken, Arbeitsmitteln und Stilen: die Voraussetzung zur Herangehensweise bei allen Restaurierungsfragen.

Danach werden die Grundlagen und Anforderungen an Metallrestaurierungen insbesondere auf der Basis der Charta von Venedig zusammengefasst, mit wiederum beispielhaften Katalogen einstiger Spektren von Schmiedearbeiten. Schließlich folgt eine Reihe erfolgreich durchgeführter Restaurierungen, die jeweils auch den »Roten Faden« der Methodik aufzeigen.

Dabei ziehen sich Schwerpunktgedanken durch alle Texte, zum Beispiel die Auseinandersetzung des Autors mit den Übergängen von Handwerk zu Industrie, aber auch die Qualität von Schmiedearbeiten und der Status des Schmiedehandwerks. Ganz aktuell wird auch der unterschiedliche Umgang mit der Schmiedekunst in zwei deutschen Staaten, in den vergangenen fünfzig Jahren gestreift.

Der Band ist ein »Muss« für alle, die sich mit Metallrestaurierung beschäftigen, und eine Freude für diejenigen, die sich intensiv mit der Schmiedekunst und der historischen Metallbearbeitung auseinandersetzen.

Fulda im Juni 2002
Manfred Gerner

Geschichte des Eisens – die Metalle 1

Eisen war nicht zu allen Zeiten als das wichtigste und am weitesten verbreitete Metall die Grundlage von Kulturen. Im Anschluss an die Steinzeit kannte man Gold und Kupfer, und ab etwa 2500 vor unserer Zeitrechnung lernte der Mensch, Bronze herzustellen, aus Kupfer unter Zugabe von 5 bis 25 Prozent Zinn. Jahrtausende lang wurden dann Werkzeuge, Waffen und Gebrauchsgegenstände aus diesem Material gefertigt.

Ab dem 6. Jahrtausend vor unserer Zeitrechnung ist Eisen in Ägypten als Meteoreisen nachweisbar. In Anatolien sind erste Funde von Eisenerz im 3. Jahrtausend belegt, doch die Technik des Verhüttens und das Erzeugen hoher Temperaturen für die Verarbeitung erst für die Zeit um 1500 bei den Hethitern. Die Hethiter, ein indogermanisches Volk, waren im 3. Jahrtausend aus dem Norden eingewandert und errichteten im Land Hatti, im heutigen Zentralanatolien, ein hoch entwickeltes Großreich. Schriftquellen zu ihren Handelsbeziehungen zeigen den Wert des Eisens für sie: es war vierzigmal so teuer wie Silber (Gold und Silber = 1 : 7).

Alle frühen Hochkulturen kannten das Eisen: Der Donnerkeil des Gottes Indra war aus Eisen, Moses und David verwendeten es, die göttliche Pallas Athene schenkte es den Griechen, und Hephaistos schmiedete aus ihm Rüstung und Schild für den Helden Achilleus. Es wurde als königliches Geschenk verwendet und als solches im Schatzhaus aufbewahrt.

Schmiede im antiken Griechenland; attische Amphora, Wende vom 6. zum 5. Jahrhundert v. u. Z.

Gewährte Bronze nicht die nötige Festigkeit, wurde Eisen eingesetzt. Die Kenntnis von dessen Verarbeitung gelangte über den Mittelmeerraum nach Europa. Die Eisenzeit begann hier um 1000 vor unserer Zeitrechnung. Im antiken Griechenland verdrängte das Eisen die Bronze im 6. Jahrhundert, und in römischer Zeit kannte man zum Beispiel Baubeschläge aus Eisen.

Verarbeitendes Handwerk siedelte sich in den Gebieten um die Eisenerzfundstätten an, in den Alpenländern etwa in Tirol, in der Steiermark, in Kärnten, Salzburg, im Burgenland und in der Schweiz. Die Germanen erlernten die Eisenverarbeitung von den Kelten, ihr Gott Thor verfügte über einen eisernen Hammer als Waffe und eiserne Werkzeuge zum Wettermachen. Auch des Eisens wegen besetzten die Römer das Land bis zur Donau und gründeten die Provinzen Helvetien, Rätien, Noricum, Pannonien, Gallien. Die Schwerter der Bayern wurden in Tirol und in der Steiermark gefertigt, und Kaiser Karl der Große verbot ihre Ausfuhr, um sie dem Gegner nicht in die Hände zu spielen.

Anfangs schmiedete man aus der etwa 25 Kilogramm schweren Rohluppe, bis im 13. Jahrhundert Hammerwerke entwickelt wurden, in denen nicht nur mittels Wasserkraft die Luppe verdichtet wurde, sondern auch gewaltige Profile bewältigt werden konnten. Bleche und Stangenmaterial ließen sich nun besser herstellen, was eine große Erleichterung der Arbeit bedeutete. Die Werkzeuge und Geräte wie Messer, Sicheln und Sensen, die man im Einzugsgebiet der Erzvorkommen, in den Herrschaftsbereichen der »Hammerherren«, der »schwarzen Grafen«, herstellte, wurden bis nach Persien gehandelt.

Als der Bedarf an Stabeisen durch die Hammerschmieden nicht mehr gedeckt werden konnte, entstanden Eisenwalz- und Schneidewerke, wie sie eine Zeichnung von Albrecht Dürer aus dem Jahr 1497 überliefert. Die Erfindung der Dampfmaschine brachte dann im 18. Jahrhundert einen einschneidenden Wandel für das Handwerk. Nicht nur Halbzeuge, sondern auch Werkzeuge und Ornamentteile konnten nun maschinell gefertigt werden.

Drähte, die man zuvor gezogen hatte, wurden ab etwa 1750 gewalzt; sie fanden sehr viel später dann Verwendung als Telegrafenleitungen, als Transport- und Halteseile für Seilbahnen oder Brückenverspannungen, zur Nagelproduktion und letztlich auch für Weidezäune. Die Entwicklung der Eisenbahn führte zum Einsatz von Metallschienen, 1820 wurden die ersten Bandschienen gewalzt. Aus der Schienenwalzerei entwickelte sich das Walzen von Träger- und Bauprofilen, zunächst

Schmiede um 1610; Radierung von J. G. Vliet

Nagelschmiede mit Antrieb des Blasebalgs durch einen Hund; nach: Encyclopédie méthodique, Planches Bd. 1, Paris 1783, Abt. Cloutier-Grosslier, Tf.1

für Brücken und Bahnhofshallen. Die Technik des Walzens brachte auch Veränderungen für die Herstellung von Blech mit sich. Es wurde zunächst von Hand, später mittels Wasserkraft ausgeschmiedet; 1769 entstand das erste Blechwalzwerk Deutschlands bei Neuwied.

Rohre aus Blei kannte man bereits im alten Rom. Sie aus Stahl herzustellen, blieb späteren Zeiten vorbehalten. Zu Anfang des 19. Jahrhunderts wurden Stahlrohre für Gewehrläufe geschmiedet und gepresst. 1840 tauchten dann die patentgeschweißten Rohre auf, die für Gas, Dampf, als Kessel-, Leitungs- oder Konstruktionsrohre Verwendung fanden. Seit dem Ende des 19. Jahrhunderts gibt es nahtlose Stahlrohre, die ab 1934 durch Strangpressen erzeugt wurden.

Zwar kann man den Beginn gestaltender Eisenarbeit für Mitteleuropa in der Karolingerzeit ansetzen, doch sind aus dieser Epoche nur wenige Zeugnisse überliefert. Die Schwierigkeit der Herstellung bestimmte den hohen Wert des Metalls, und so wurde jedes Reststück oder alte Werkzeug wieder verwendet beziehungsweise in eine neue Form umgeschmiedet. Auch trug der Mangel an Schutz vor Korrosion zum Verfall bei und schmälerte zusätzlich den Bestand an überlieferten Objekten. Die Arbeitstechniken haben sich im Lauf der Jahrhunderte nicht wesentlich geändert, wir wissen von der Schweißbarkeit im Feuer und von der Erhärtung im Wasser oder, nach Heraclius, auch im »Fett eines brünstigen Bockes« (nach J. Julier, Schmiedeeisen, Mailand 1980); Gleiches gilt für die Werkzeuge wie Hammer, Hilfshämmer, Amboss, Gesenke und Zangen. Karl Philipp Moritz beschreibt die Werkstatt des Hephaistos (Vulcanus), Sohn des Zeus und der Hera, in der griechischen Sage Gott des Feuers und der Schmiede: »Das Mühsame und Beschwerliche der Arbeit in der mit Rauch und Dampf erfüllten Werkstatt, zusammengedacht mit der erhabenen Kunst, die unermüdet hier mit schaffendem Geist wirkt [...], bei welcher alle Kraft sich in dem mächtigen Arm vereint, der den gewaltigen Hammer auf dem Amboss führt [...].« (nach: Lietzmann, Schlegel, Hensel, Metallformung, siehe Quellen S. 121)

In dieser Beschreibung klingen Ehrfurcht und Hochachtung vor einer Kunst an, die zu den ältesten Handwerken überhaupt gehört. Sie hat über Jahrtausende hinweg Objekte hervorgebracht, die als Werkzeuge, Waffen, als Schmuck oder tägliche Gebrauchsgegenstände von gesellschaftlicher Bedeutung waren.

Eisen ist das vierthäufigste Element auf der Erde, das wichtigste und am weitesten verbreitete Metall. Rund 4,7 Prozent der Erdkruste bestehen aus Eisen, der menschliche Körper enthält etwa fünf Gramm. Kein anderes Material verbindet der Mensch in so hohem Maß mit Wärme und Kälte, Unheimlichkeit und beschütztem Wohlbefinden zugleich wie das Eisen. Seine Festigkeit und Widerstandsfähigkeit wurden von jeher geschätzt, zu den wesentlichen und auch ältesten Anwendungsbereichen gehören:

- Gitter – Schutz vor Eindringlingen beziehungsweise vor Absturz;
- Beschlagwerk – Bewahrung von Eigentum, Verschließen;
- Werkzeug, Waffe, Gerät – Beständigkeit für den Gebrauch; auch Kultobjekt.

Dem Eisen und seiner Bearbeitung wurden übernatürliche Kräfte zugeschrieben. Noch heute setzen wir eisern mit dauerhaft, beständig, unerschütterlich gleich, zum Beispiel in »Eiserne Hochzeit«, »Eiserne Reserve«

Eisenkette um die Stadtpfarrkirche in Laupheim

oder »Eisernes Kreuz«. Wandernde Handwerker schlugen Nägel in Holz – »Stock im Eisen« zum Beispiel in Wien – und erhofften sich davon Glück und Wiederkehr. Zahnschmerzen »vernagelte« man mit Eisennägeln in einen Baum. Wie andere Metalle setzte man Eisen in Verbindung mit einem Gestirn und einer Farbe: Sonne = Gold, goldfarben; Venus = Kupfer, grün; Mars = Eisen, braun. Auch dem Klang von Metall schrieb man magische Kräfte zu; Schellen und Glocken erinnern daran.

Aus der Zeit nach der Völkerwanderung stammen erste geschmiedete Opfergaben, sie wurden geweiht und sollten das Vieh vor Krankheiten und Seuchen bewahren. Heiliger für alles, was mit Eisen zusammenhängt, ist der heilige Leonhard, der Beschützer der Bauern und des Viehs; sein Attribut ist eine Kette, die er in der Hand hält. Eisenketten, manchmal mit Hufeisen als Votivgaben werden um Kirchen gelegt, die ihm geweiht sind; der Schmiede Schutzpatron ist der heilige Eligius. Für die Germanen war der Hammer das Symbol des Rechts, heute besiegelt der Auktionator einen Kauf mit einem Hammerschlag. Das Hufeisen verbindet in seiner Funktion als Glückssymbol Agrar- und Industriegesellschaft, nicht nur am Auto oder über Eingangstüren findet es sich heute noch.

Gewinnung des Eisens 1.1

Eisen reagiert leicht mit anderen Stoffen, so dass es auf der Erde nur in Verbindungen vorkommt, meist in Form von Oxiden und Karbonaten. Basis für die Gewinnung von Eisen ist das Eisenerz (Magnet-, Rot-, Braun-, Spateisenstein und Schwefelkies).

% Eisen	72 % (Magnetit)	70 % (Hämatit)	60 % (Limonit)	48 % (Siderit)
Hauptfundorte	Schweden Ural Nordamerika	Westfalen Nordamerika England Belgien Spanien Afrika	Deutschland Schweden Belgien Frankreich	Deutschland England Schottland Österreich

Verteilung der Eisenerzvorkommen

Das Erz wurde früher im Tagebau gefördert, in Schweden auch aus Seen gefischt. Im »Rennfeuer« wurde dann mittels Holzkohle eine »Luppe« erschmolzen. Später benutzte man Stücköfen mit der doppelten bis vierfachen Ausbeute an Eisen. Heute baut man Eisenerz unter Tage ab, es wird zerkleinert und ausgeschmelzt. Man hat Hochofenverfahren entwickelt, vom Bessemer- und Thomas- zum Siemens-Martin-

Rennfeuer, 16. Jahrhundert; nach: Georg Agricola, Zwölf Bücher vom Berg- und Hüttenwesen ..., S. 339

und Elektro-Stahlofen, mit denen aus Roheisen sowie Schrott, Kalk, Koks und anderen Zuschlägen differenzierter Stahl mit unterschiedlichem Kohlenstoffgehalt erzeugt wird. Heute wird für Eisen der Begriff Stahl verwendet, als Bezeichnung für eine Eisen-Kohlenstoff-Legierung mit einem Gehalt an Kohlenstoff (C) von bis zu 2,052 %, eine Legierung, die sich ohne Nachbehandlung schmieden, pressen, walzen und auch gießen lässt:

Schmiedeisen	0,05 – 1,7 % C-Gehalt
Härtbare Stähle	0,5 – 1,5 % C-Gehalt
Nicht härtbare Stähle	0,05 – 0,5 % C-Gehalt
Gusseisen	2,3 – 5 % C-Gehalt

Einteilung der Metalle 1.2

Eisenmetalle 1.2.1

- Stahl
- Stahlguss
- Grauguss
- Hart- oder Temperguss
- COR-TEN Stahl (korrosionsgehemmt durch Anteile von Chrom, Kupfer und auch Phosphor)

Stähle 1.2.1.1

Stähle werden nach verschiedenen Kriterien unterteilt:

- Erzeugung (welcher Ofentyp)
- Formgebung (Schmiedestahl, Walzstahl, Formgussstahl)
- Besondere Eigenschaften (Hitze, Rost, warmfester Stahl)
- Grad der Desoxidation (beruhigt und unberuhigt)
- Gefügebau (zum Beispiel ferritisch, austenitisch)
- Zusammensetzung (legiert, unlegiert)
- Verwendung (Bau-, Werkzeugstahl)
- Reinheitsgrad (Phosphor, Schwefel)
- Massenstähle, Qualitätsstähle, Edelstähle
- Kohlenstoff-(C-)Gehalt

1.2.2 Nichteisenmetalle

Schwermetalle (Dichte > 5 g/cm³)		**Leichtmetalle** (Dichte < 5 g/cm³)	
Grundstoffe	Legierungen	Grundstoffe	Legierungen
- Kupfer, Cu	- Messing	- Aluminium, Al	- Al-Legierungen
- Blei, Pb	- Rotguss	- Magnesium, Mg	- MG-Legierungen
- Zinn, Sn	- Bronze	- Beryllium, Be	
- Zink, Zn	- Neusilber	- Titan, Ti	
- Nickel, Ni	- Tombak	- Wolfram, W	
- Chrom, Cr	- Lager- oder Weiß-metall		
Edelmetalle:	- Edelstahllegierungen (Sammelbegriff für nicht rostende Stähle mit mind. 12 % Chrom)		
- Gold, Au			
- Silber, Ag			
- Platin, Pt			
	- Lote		
	- Goldlegierungen		
	- Silberlegierungen		
	- Platinlegierungen		

Eigenschaften der Metalle 1.3

Schmelzpunkt:
- bis 700 °C (normal beziehungsweise niedrig) Blei, Zink, Zinn
- 700 bis 2000 °C (hoch) Gold, Silber, Kupfer
- über 2000 °C (höchst) zum Beispiel Wolfram

Chemische Beständigkeit:
- Edel- und Unedelmetalle

Aussehen:
- Schwarzmetalle (Eisengruppe)
- Buntmetalle (Kupfer und Kupferlegierungen)
- Weißmetalle (alle Legierungen von Su, Blei, Stibium = Antimon = Sb)

Alle Metalle sind gekennzeichnet von

- Glanz
- kristallinem Aufbau
- hoher Festigkeit
- hoher Leitfähigkeit für Strom und Wärme (außer Quecksilber)
- Verfestigungsvermögen
- mannigfaltigen Verarbeitungsmöglichkeiten.

2 Entwicklung der Metallverarbeitung in Europa

2.1 Eisenhandel

Weit verbreitete kleine Rennfeuer deckten früher den Eisenbedarf ihrer Umgebung, für besondere Güten wie Stahl und auch für Fertigerzeugnisse entwickelte sich ein ausgedehnter Fernhandel. Eisen aus Produktionszentren zum Beispiel der Steiermark und Kärnten wurde zunächst nach Judenburg und St. Veit transportiert, in Städte mit »Stapelrecht«, ähnlich einem heutigen Großhandelsplatz. Auf der alten Eisenstraße folgte dann der Transport nach Aquileja und Venedig, über Italien bis in die Türkei. Über Steier führte der Weg des steirischen oder auch ungarischen Eisens nach Deutschland und weiter rheinabwärts nach England. Eisen aus Tirol handelte man über Innsbruck.

Die Oberpfalz (Amberg) war berühmt für ihre Bleche, die den Bedarf im Gebiet zwischen Donau und Main deckten. Mitteldeutschland wurde durch den Harz und das thüringische Schmalkalden versorgt. Die Hansestädte hatten das Monopol für den nördlichen Handel mit Eisen aus Spanien, Stahl aus Westfalen und mit dem »Osemund« der nördlichen Länder, etwa Schweden; der »Osemund« wurde bei Danzig und Lübeck ausgeschmiedet und in Westfalen zu Draht verarbeitet. Das Siegerland lieferte das westfälische Eisen, das zum Beispiel im Bergischen Land zu Klingen weiterverarbeitet wurde; Handels- und Stapelpunkt war hier Köln. Die hansischen Kaufleute hatten eine Niederlassung in London, die »Stahlhof« genannt wurde. Ein bedeutendes Eisenzentrum war das wallonische Bistum Lüttich; die Eisenverarbeitung hatte hier Tradition seit der Römerzeit. Das Zentrum in Frankreich lag in der Normandie.

2.2 Die Anfänge der schmiedetechnischen Verarbeitung des Eisens in Europa

Der Einsatz des Eisens für Werkzeuge, Waffen, Geräte oder Elemente am Bau war in erster Linie abhängig von den Auftraggebern, zunächst dem Adel und der Kirche, später auch dem Handwerk und aufstrebenden Bürgertum. Bestimmend für die Formfindung und Ausgestaltung war die Architektur, die Kleinkünste lernten von ihr oder passten sich ihr an. Dabei ergaben sich immer wieder Zeitverschiebungen und Stilmischungen.

Eine wichtige Rolle bei der Vermittlung der Kenntnisse von Arbeitsweisen und Formenfindung spielten die Kaufleute, die Handel mit fernen Ländern trieben, Ideen und »Muster« mitbrachten. Daher lehnte sich die Formensprache zunächst an die römisch-byzantinische Tradition an. Korrosion und Umarbeitung oder Weiterverwendung des Materials haben allerdings dazu geführt, das nur wenige frühe Arbeiten erhalten sind, zum Beispiel ein Kandelaber in Pompeji.

Malerei und Plastik aus dem 9. und 10. Jahrhundert zeigen Darstellungen von Türbeschlägen, bei denen es sich nur um Eisenarbeiten handeln kann, zum Beispiel in der Bibel Karls des Kahlen der Bibliothèque Nationale in Paris oder an einem Weihwassergefäß aus Elfenbein im Dom zu Aachen.

Die europäische Entwicklung der Eisenbearbeitung im frühen Mittelalter begann mit dem Beschlagwerk von Türen. Die senkrechten Holzbohlen wurden durch den Beschlag waagerecht zusammengehalten, eine gewaltsame Zerstörung wurde auf diese Weise verhindert beziehungsweise verzögert. Oft überzog man die Türen mit farbigem Leder, was sie vor Verwitterung schützen sollte. Der Beschlag hob sich von diesem Untergrund besonders auffallend ab.

Stilentwicklung 2.3

Romanik 2.3.1

Die Romanik, 10. bis erste Hälfte 13. Jahrhundert, ist der erste der beiden umfassenden Stile der mittelalterlichen Kunst, verbreitet in ganz Europa, mit Sonderentwicklungen in einzelnen Ländern. Die Handwerker konnten sich nicht auf eine kontinuierliche Tradition aus der Antike

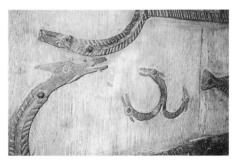

Beschlag an der Tür der Kirche in Eisdorf bei Weißenfels; Ornament gespalten und geschrotet

Tür der Kirche in Eisdorf bei
Weißenfels

stützen. Sie gestalteten mit viel Geschick und Formgefühl – und entwickelten die Technik selbst. Vorgefertigtes Material gab es nicht, Bleche und Drähte mussten angefertigt werden.

In dieser Zeit, in der sich auch die Trennung von Handwerk und Landwirtschaft vollzog, war die Kirche Hauptträger der politischen und kulturellen Entwicklung Europas. Die Kunst stand vorrangig in ihrem Dienst und ging von ihr aus. Geistliche führten unter anderem auch Steinmetz- und Schmiedearbeiten aus, und Handwerker begleiteten die Orden, um an der Errichtung neu gegründeter Klöster mitzuarbeiten; die Bartholomäuskapelle in Paderborn beispielsweise wurde von griechischen Meistern gebaut.

Ernst und schwer, aber solide und gediegen wie die Baukunst zeigt sich die Eisenkunst jener Zeit. Gefertigt wurden in der Hauptsache Beschläge für Tore und Türen, befestigt mit geschmiedeten Nägeln, Schränke, Gitter, Leuchter, Wandanker, Türklopfer und Feuergerät. Wertvoller Besitz wurde in eisernen Truhen aufbewahrt, mit Schlössern und Riegeln gesichert. Alle Objekte sind von der schlichten Zweckform geprägt.

Typisch für die Arbeit mit Metall in dieser Zeit sind das Aufspalten der zuvor geschmiedeten Flachstäbe und das spiral- beziehungsweise halbmondförmige Zurückrollen der Spaltungen, das Feuerschweißen oder Bunden von mehreren Stäben zu Bündeln, die Rosetten und Blätter mit runden Formen und Aushöhlungen. Verschraubungen und Vernietungen kamen nicht vor. Die zunächst recht einfachen Arbeiten aus Flacheisen, gespalten, gerollt und am Ende mit Blatt oder Lilie versehen, wurden schmückend vertieft und punzierend gemeißelt. Später verfeinerte man die Details, und die einfachen Formen wurden zu Spiralrankenmotiven verbunden. Eine ähnliche Entwicklung finden wir in der christlichen Buchmalerei jener Zeit, die eine bedeutende Quelle für die Formen der Schmiedekunst war. Beispiele für diese Arbeiten sind die Türen der Kirche St. Georg in Schlettstadt im Elsass, der Klosterkirche von Maulbronn und der Kathedrale St. Paul in Lüttich.

Die Gitter der frühen Romanik erfüllten ihre Schutzfunktion auf einfachste Weise. In den dicken Mauern fest verankert, dienten sie allein dem Schutz vor Eindringlingen und der Geborgenheit. Die Kreuzungspunkte der Stäbe mit Flecht- oder Knotenmotiv bildeten das einzige Schmuckmotiv. Ab dem 11. Jahrhundert wurden die Gitter größer; als Abschluss von Grabmälern und Kapellen oder als Abgrenzung in den Kirchen der Hochromanik verhinderten sie den Zutritt, ermöglichten

Buchstabe X aus einem Alphabet von Schmuckbuchstaben der Buchmalerei

aber freien Durchblick. Beispiele finden sich in Frankreich mit dem Gitter in der Kathedrale von Le Puy, mit einem Türbeschlag in der Kathedrale von St. Gilles und am Westportal von Notre-Dame in Paris; französischen Einfluss zeigen etwa das Portal der Abtei von Marcevols oder die Gittertür der Kathedrale von Palencia in Nordspanien, während in Südspanien maurischer Einfluss bestimmend war.

2.3.2 Gotik

Wie in der Architektur führte der technische Fortschritt auch in der Schmiedekunst zu einer bedeutenden Entwicklung in der Gotik, ab der zweiten Hälfte des 12. Jahrhunderts bis zum beginnenden 15. beziehungsweise 16. Jahrhundert. Die neue Formensprache setzte sich zunächst in Frankreich, England und den Niederlanden durch, mit einer Verspätung von etwa hundert Jahren auch in Deutschland. Durch den verstärkten Handel und die umherziehenden Handwerker wurde das Netz der Verbindungen zwischen den Menschen und Ländern dichter. Es entstanden Handelszentren (Hanse), das Zunftwesen in den Städten wurde aufgebaut, und man erweiterte, auch unter dem Einfluss der Kreuzzüge, ganz allgemein den Gesichtskreis. Schulen und Universitäten wurden gegründet, an denen auch Studien der »realen Welt« ihren Platz hatten.

Die ruhigen und strengen Zweckformen der vorangegangenen Epoche machten dem durchsichtig-leichten Maßwerk Platz. C-förmige Rankenornamente, die vom Stab abgespalten und aufgerollt wurden, überziehen auf frühgotisch-dekorative Weise die Türblätter, allerdings noch mit konstruktivem Charakter, denn mit der Ausformung des Bauhüttengedankens stand die Zweckgebundenheit der Gestaltung zunächst im Vordergrund. Jedes Gewerk trug seinen Teil zur Gesamtgestaltung bei; die Metallkunst ordnete sich dem übergreifenden Gedanken unter in der Aufnahme architektonischer Formen, zum Beispiel des Maßwerks, des Spitzbogens, der Kreuzblume oder der Fiale.

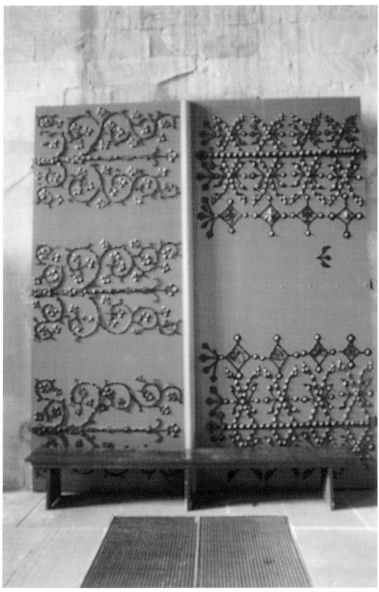

Tür des Doms in Erfurt mit Rankenmotiv

Westportal von Notre-Dame in Paris

Detail des Rankenmotivs am Portal von Notre-Dame in Paris

Durch Nachahmung der Rankenmotive in den Randleisten und in den ornamentalen Füllungen von Zierbuchstaben der Buchmalerei wurde die Schmiedekunst angeregt, sich in Nachbildungen der Natur und auch in Phantasieformen zu versuchen; sie gelangte hier zu handwerklichen Höchstleistungen, zum Beispiel in den Beschlägen der Kirchentüren von Notre-Dame in Paris, entstanden zu Anfang des 13. Jahrhunderts.

In Deutschland verwendete man zunächst weiter die überlieferten Motive. Das Gesenkschmieden als plastische Formung war noch unbekannt, wie der Türenbeschlag am Erfurter Dom zeigt. Doch wurde zur gleichen Zeit jenes Westportal von Notre-Dame so leicht und elegant gearbeitet, dass man die Schwere des Eisens vergisst und textiles Material zu sehen glaubt: Horizontalbänder sind gespalten und wieder zusammengefügt, Spiralranken verästelt und verfeinert zu einem reichen Pflanzenmotiv. Form und Funktion bilden eine Einheit – horizontales Halten des Holzes und diagonale Statik für das Tor ergeben sich aus eingerollten Voluten und deren Verzweigungen. Gleichzeitig entstand ein netzartiges Gitterwerk, das das Tor überzieht und, ähnlich einem Blechbeschlag, vor Zerstörung schützt.

Ab der Gotik finden wir das kalte Nieten, auch das Gesenkschmieden entwickelte sich; eine Bereicherung waren dann die ausgeschnittenen, getriebenen und durchbrochenen Formen aus schwächerem Eisenblech. Gewundene, kantige Stäbe wurden nun eingesetzt, deren drei- oder vierblättrige Enden – man vergleiche den Drei- und Vierpass der Architektur – die Spirale ablösten. Der Gesamteindruck wurde lebendiger, auch durch Meißeln, Punzen und Tiefen des Materials.

In Form von Werkzeugen, Waffen und Rüstungen, Schiffsankern, Beleuchtungskörpern, Möbel- und Schlossbeschlägen anstelle von Riegeln fand gestaltetes Eisen Eingang in zunehmend mehr Verwendungsbereiche. Man begann auch Beschlagteile zu gestalten, Türringe, Griffe, Türklopfer und Schlossplatten. Diesen Platten wurden Ranken aufgelegt, die als Schlüsselführung symmetrisch an beiden Seiten des Schlüssellochs aufsteigen. Denn da die schlechte Beleuchtung von Straßen und Häusern ein schnelles Finden des Schlüssellochs verhinderte, verfügte man auf diese Weise über eine Führung beziehungsweise eine Gleiteinrichtung für den Schlüssel, zumal es nur Schlösser mit schließender Falle und keine Türklinken gab. Die Tür wurde mittels Schlüssel aufgeschnappt und mit Hilfe des Zuziehers oder Türklopfers »schnappend« geschlossen. Konstruktion und Verzierung der Schlüssel wurden gestalterisch in Einklang gebracht, zum Beispiel durch die Rautenform an der Stelle, an der man mit zwei Fingern eingreifen und so die starke Feder des Schlosses besser bewegen konnte.

Gehen die frühen Werke der Gotik in ihrer Formgebung noch auf die Romanik zurück, so zeigen die späteren die Tendenz zu konsequenter künstlerischer Differenzierung, Einzelformen zu größeren Ornamenten zu vereinigen sowie Haupt- und Nebenformen gliedernd zu ordnen. Der Türbeschlag am Nordostportal des Erfurter Doms zeigt den Stilwandel innerhalb einer Arbeit: Die linke Tür erinnert mit ihren großen Rankenmotiven an Formen des 13. Jahrhunderts, die rechte verweist auf die geometrische Kühle des 14. Jahrhunderts. Auch am Gitter des Schreins der heiligen Elisabeth in der Marburger Elisabethkirche ist der Stilwandel ablesbar: Schräg verlaufende Türkantstäbe wurden aufgelocht und durchgesteckt, sie bilden ein Raster aus übereck gestellten Quadraten. Diese Art Gittergestaltung lässt sich bis ins 17. Jahrhundert hinein verfolgen.

Französische und italienische Gitter sind im Vergleich zu deutschen lockerer gestaltet, Elemente wie Quadrat, Kreis und Maßwerk fügen sich ineinander. In Italien entstanden erst ab dem 14. Jahrhundert gut geformte Eisenarbeiten; zwar sind Schmiedearbeiten aus dem 12. Jahrhundert erhalten, doch hatte die Schmiedekunst hier zunächst eine untergeordnete Stellung. Dinge des täglichen Gebrauchs wie Baubeschläge, Kamingerät, Schlösser oder Fenstergitter wurden selten kunstvoll gestaltet. Das Material galt offenbar als wenig repräsentativ, und man verwendete es mit Zurückhaltung. Der Rückgriff auf die Antike in Verbindung mit dem Einfluss der französischen Gotik ließ dann aber in Italien Arbeiten von hohem Rang entstehen. Beispiele sind das Gitter in der Loggia del Bigallo von Francesco Petrucci und das Gitter vor der Capella del Corporale in Florenz. Ohne verstärkende Stäbe bilden die lockeren Vierpassformen einen durchscheinenden Vorhang um das Gitter am Grabmal des Cansignorio della Scala in Verona; oben wird dieses Gitter von pflanzlichen Ornamenten abgeschlossen, abwehrend stachlig und spitz. Aus dem mittleren 15. Jahrhundert stammt das Gitter der Kapelle im Palazzo Pubblico von Siena, dessen Rahmenwerk aus quadratischen Feldern mit jeweils neun zierlichen Vierpässen in geschweiften Rahmen gefertigt ist. Ein getriebener, durchbrochener Eisenblechfries mit dem Stadtwappen bildet den Abschluss der Felder. Die Spitzen des Gitters sind als hakenförmige Stacheln, Blumensträuße und Leuchterteller gestaltet. In der Toskana sind derartige Gitterformen, deren Gesamtgestaltung von Ruhe und Ausgewogenheit bestimmt ist, häufig zu finden. Ein weiteres Beispiel ist das Kapellengitter der Florentiner Kirche S. Croce, ein Meisterwerk europäischer Schmiedekunst.

Im deutschsprachigen Bereich finden wir das Flach- beziehungsweise Vierkanteisen vom Rundstab abgelöst, zum Beispiel am spätgotischen Gitter vor der Taufkapelle in Millstatt, Kärnten; schier schwerelos, fast textil erscheint es, ähnlich dem Gitter von St. Ulrich in Augsburg. Die Augsburger Handelsbeziehungen zu Italien vermittelten wohl die Anregung zu dessen kühl-abstrakter Gestaltung. Die spitzen Gitterbekrönungen sollten ursprünglich das Übersteigen verhindern; der Schmuck besteht in Nachbildungen von Wappentafeln, in Trophäen und in Formen der Natur, in Tieren wie Krabben, stilisiertem Blattwerk, ja sogar Steinen.

Viele Arbeiten der Zeit wurden aus Eisenblech geschnitten, etwa Greife an Wasserspeiern oder Wetterfahnen. Mitunter war die Suche nach neuen Gestaltungsweisen mit einer gewissen Unentschiedenheit verbunden, worauf sich zum Teil auch der Reichtum an Formen zurückführen lässt. Die Entwicklung führte zu einer handwerklichen Brillanz, die über viele Jahrhunderte tradiert wurde – noch im 18. Jahrhundert mussten, gemäß königlichem Erlass von 1411, die Kunstschmiede in Frankreich ein spätgotisch geformtes Truhenschloss als Meisterstück anfertigen.

Gittertor im gotischen Viertel von Barcelona

Türring an der Friedhofskirche in Tesero, Val di Fiemme, Trentino

Die Tür des germanischen Nationalmuseums in Nürnberg, die stilistisch zur Spätgotik gehört, zeigt den Typus der Türbeschläge ihrer Zeit. Durch die Türbänder an der Außenseite und die dekorative Fläche in der Mitte ergibt sich eine waagerechte Dreiteilung. Zierliches und filigranes Ranken-Blattwerk schmückt die Türbänder, Rankenornament, ziseliert mit Drachen, Löwen und Adlern, die Mittelfläche.

Arbeiten dieser Art sind nahezu goldschmiedehaft gefertigt und damit sehr fein. Besonders im Bereich der Gittergestaltung kam bisweilen bunte Bemalung hinzu, die in der Renaissance dann gehäuft auftrat. Beispiele hierfür sind wiederum das Gitter der Taufkapelle in Millstatt, der Türklopfer mit Zugring und Schlüsselschild an der Stiftskirche von Mondsee bei Salzburg und das Gitter des Sakramentshauses am Kremser Spital. Kleinere Arbeiten wie Leuchter wurden mit weiteren Materialien, etwa mit Messingeinlagen oder farbigen Holzfiguren, geschmückt.

2.3.3 Renaissance

Vom Anfang des 14. Jahrhunderts an entwickelte sich zunächst in Italien die Renaissance unter Rückbezug auf Anschauungen und Formen der Antike; von Frührenaissance spricht man für die Zeit ab dem beginnenden 15. Jahrhundert. Auswirkungen auf die Entwicklung hatte auch der Zusammenbruch des byzantinischen Reichs, 1453, in dem die antike Tradition weitergewirkt hatte, denn viele Griechen wanderten nun nach Italien ein.

Die frühen Arbeiten in Deutschland lassen noch die Gotik spüren. Formen der italienischen Renaissance waren hier hauptsächlich, da die Malerei eine wichtige Rolle spielte, durch Bilder bekannt, die eher Anregungen boten als Vorlagen zur Nachahmung. Für die Architektur erhielt das Zierwerk besondere Bedeutung. Zu Anfang beauftragte man Baumeister aus Italien, doch entwickelte sich im Laufe der Zeit auch in Deutschland ein eigener Stil der Renaissance.

Die deutschen Handelsstädte wurden im 16. Jahrhundert zu wirtschaftlich-kulturellen Zentren, Handel und Gewerbe gediehen, das Handwerk erlangte großes Ansehen, und die Zünfte vermehrten ihren Einfluss. Erfindungen reiften heran, neue Länder wurden entdeckt, man erforschte die Natur und ihre Gesetze und nahm die Reformation der Kirche in Angriff. Der Kirchenbau trat nun hinter dem Bau von Rats- und Wohnhäusern zurück. Schließlich wandelte sich auch die Rolle der Künstler von einer dienenden zu einer eigenständigen, hoch geachteten. Handelsbeziehungen und Italienreisen vermittelten die Renaissance in Städte wie Augsburg oder Nürnberg und brachten einzelnen Künstlern wie Albrecht Dürer Anregungen.

In der Oberpfalz hatte man reichlich oberflächlich anstehendes Raseneisenerz gefunden, und so entwickelte sich der Raum Amberg-Sulzbach zu einem der führenden Gebiete der Eisengewinnung in Europa. Die nahe gelegenen Städte Regensburg und Nürnberg waren führend für den Eisenhandel und bildeten somit auch Basis für die Entwicklung der Eisenschmiedekunst.

Die Veränderungen der ökonomischen Grundlagen, der Lebensweise, des Lebensgefühls hatten auch Auswirkungen auf die Verwendungsformen des Schmiedeeisens. Mit zunehmendem Einfluss des Bürgertums ergingen an die Schmiede Aufträge für Arbeiten an Rathäusern, Patrizierhäusern und Innungsgebäuden wie nach wie vor an Kirchen. Auch die technischen Entwicklungen erweiterten den Anwendungsbereich des Schmiedeeisens.

Ausleger in Innsbruck

In großer Vielfalt entstanden Wandarme mit Aushängeschildern von Gasthäusern und Handwerkern, Wetterfahnen, Wasserspeier, Oberlichtgitter, Grabkreuze, Waschbeckenständer und Handtuchhalter, Geräte und Werkzeuge. Die Form der Beschläge entwickelte sich vom langen Zungenband zum kurzen Schippenband, Schlösser und Schlüssel wurden mit größerem Aufwand gefertigt, und die Farbigkeit trat verstärkt hervor, auch durch Verzinnen, Vergolden und durch den Einsatz von Kupfer und Messing. Treiben, Ätzen und Gravieren erweiterten das Spektrum der Arbeitstechniken.

Die Arbeit des Schmieds hatte bereits im Mittelalter hohe Wertschätzung erfahren. Der Natur eng verbunden, arbeiteten die Meister aus dem Gefühl heraus, mit großem handwerklichen Können. Noch heute vermitteln manche Dorfschmieden den Eindruck einer Werkstatt aus jener Zeit: gemauerte Esse, Rauchfang, Amboss und überall Ruß und Zunder, Ketten, Eisenstücke, Wasserbottiche; an der Wand Gesenke, Hilfshämmer, Zangen und Dreheisen. Selbst gefertigte Hilfswerkzeuge für bestimmte Arbeiten, Werkbank und Schraubstock und Feilen, Hufeisen, Pflugscharen neben Gitter- und Leuchterteilen. Einen Unterschied zwischen Handwerk und Kunst machte man nicht – die Wurzeln der Kunst liegen im Handwerk.

Ganz allgemein machten sich in der Renaissance lokale Eigenheiten der Gestaltung von Schmiedeeisen verstärkt bemerkbar, doch entwickelten sich die neuen Formen zuerst in Italien, sicher auch, weil hier die Gotik nie voll ausgeprägt war. Diese Formen verbanden sich mit jenen aus dem Orient und aus Byzanz sowie mit denen etruskischer Vorbilder. Die Gitterkunst der italienischen Frührenaissance zeigte keine wesentlichen Änderungen, doch die neue Gestaltung anderer Objekte, etwa der Baubeschläge wie Türklopfer, Fackelhalter und Pferderinge, beeinflusste dann allmählich auch die Schmiedekunst nördlich der Alpen. Einfache Formen mit flächig-geometrischer Verzierung und Architekturformen bestimmten das Aussehen von Laternen, Wandarmen und Konsolen. Beispiel sind die Laternen am Palazzo Strozzi in Florenz, die wie kleine achteckige Tempelchen aus einem Stück gearbeitet sind, oder der Fackelkorb am Palazzo Saminiati in Lucca, der, aus Flacheisen vernietet, einem Blütenkelch ähnelt. Lucca war im 16./17. Jahrhundert ein Zentrum der italienischen Schmiedekunst, erkennbar beispielsweise am Eingangsgitter des Palazzo Giovannini oder am Oberlichtgitter des Klosters S. Trinità.

Fenstergitter in Görlitz, Sachsen

Detail des Gitters am Schönen Brunnen in Nürnberg

Im Verlauf der Entwicklung bildete sich eine freiere Formgebung heraus, wie das Voluten- oder Rankenmotiv zeigt, von dem es bemerkenswerte Beispiele in Piacenza gibt, an den Türbändern des Portals von S. Antonio und am Gitter der Treppe des Palazzo Farnese, am Gitter des Palazzo Bevilacqua in Bologna oder am Fenstergitter des Palazzo Berta in Teglio im Veltlin; erwähnt sei auch der Brunnen im Schlosshof von Issogne. Aus dem oberitalienischen Raum, wo seit der Antike Eisen gewonnen wurde, sind kunstreich geschmiedete Waffen bekannt.

Der Wandel, im Zuge dessen auch die Schmuckform größere Bedeutung erhielt, vollzog sich in der Schmiedekunst langsam. Noch für längere Zeit existierten gotische Elemente neben den neuen der Renaissance, deren Formensprache generell additiven Charakter hat. Bedeutendstes Thema war das Gitter mit dem Ranken- beziehungsweise Spiralmotiv; es entstanden sehr plastische Werke mit floralen und figuralen Akzenten. Die strenge gotische Maßwerkordnung wurde durch die Ornamentik der Antike aufgelockert. Bis zur Groteske trieb man die Arabeske als Gitterfüllung aus stabförmigem Blatt- und Rankenwerk und nach 1530 mit Mischwesen beziehungsweise Maskarons. Ein weiteres Schmuckmotiv war die Maureske, ein flächiges Pflanzenornament in Verbindung mit dem Flechtband. Die Spindelblume, eine blütenartige Form, und die Achterschlaufe, der Kalligraphie entlehnt, forderten den Einsatz dünner Rundstäbe. Die Hammerwerke lieferten die Stabeisen nun in verschiedenen Durchmessern, während die Schmiede in der Zeit davor das Material aus Eisenklötzen selbst ausgestreckt hatten.

Die Gitter, die im 16. und 17. Jahrhundert in Deutschland entstanden, sind einander sehr ähnlich: Spätgotische Fülle wirkte oft noch bis in

Türschloss; Germanisches
Nationalmuseum, Nürnberg

die Barockzeit hinein, runde Eisenstäbe als Hauptmotiv wurden zu Spiralen und Kurven verschlungen, durchgesteckt und zu Figuren, die einer Acht ähneln, gestaltet. Die Spindel- oder Spiralblume, die bereits in der Gotik aufgetreten war, wurde zum wichtigsten Ornament der Bekrönung: Über einen spindelförmigen Holzkern wurde dicker Eisendraht gewickelt, danach der Holzkern ausgebrannt und das Drahtgewinde zur Blüte ausgeformt.

Gesenkgeschmiedete Formen hat man durch Eisenguss-Schmuckmotive aus weicheren Legierungen ergänzt. Kleine gegossene Köpfe oder Büsten, teils fratzenartig, oder Pilaster fügen sich mit ausgeschnittenen Eisenblechfiguren und Wappen zum Gesamtbild; sie sind farbig bemalt oder vergoldet. Ruhepunkte im verschlungenen Rundstabgeflecht ergaben sich durch die flächigen Blechstücke oder durch flachgeschmiedete Rundstabstellen. Die Ornamente wurden gleichmäßiger verteilt, und Blattgestaltungen sind schlichter als in der Spätgotik.

Beispiele für diese Schmiedearbeiten finden sich in Augsburg mit Gittern am Dom und an St. Ulrich, in Innsbruck mit dem Gitter am Grab Kaiser Maximilians, auf Schloss Grafenegg in Niederösterreich mit dem Brunnengitter, mit dem Brunnengitter im Stift St. Florian in Oberösterreich, in Görlitz mit dem Gitter an St. Peter und in Neiße, Schlesien, mit dem Brunnengitterhäuschen. Die Beispiele der deutschen Renaissance lassen sich nur schwer datieren, denn die Gitterformen blieben über lange Zeit hinweg gleich. Ein Spielraum vom 16. bis ins frühe 18. Jahrhundert kann sich daher für die Datierung durchaus ergeben.

Typisch für die Schmiedekunst der Renaissance sind Gehäuse auf Steinsockeln als Brunnengitter zum Schutz des kostbaren Wassers vor

Verschmutzung durch Mensch und Tier oder zum Schutz vor Unfällen, daneben auch Zunftzeichen und Grabmale der zunehmend wohlhabenden Bürgerschaft – Bürger und Bauern verwendeten schmiedeeiserne Kreuze, das Hochgrab war dem Adel vorbehalten. Da man nun größere Fenster bevorzugte, kamen im 16. Jahrhundert größere Fenstervergitterungen auf. Aus dieser Zeit sind auch in zunehmendem Maß die Namen von Meistern überliefert, man findet sie in Gitter und andere Objekte eingemeißelt, zum Beispiel »Hans Ruge« »1567« am Gewandhausgitter in Lüneburg.

Typisch für die Schmiedekunst im Spanien des 16. Jahrhunderts sind monumentale Kirchengitter von großer Pracht, fast erdrückend in ihrem schweren Prunk. Sie zeigen das harte, blockhafte Material in dicken, wie gegossen wirkenden Säulen, kontrastierend mit zierlichen Stäben, die in dichter Reihung einen getriebenen, prunkvollen Abschlussfries tragen, auf dem wiederum figürliche Darstellungen, Ranken, Voluten, Lanzen, Kartuschen und andere Schmuckmotive angebracht sind. Die Gitter mit einer Senkrechten, die wie eine Wand wirkt, stehen in starkem Gegensatz zu ihrem Unterbau. Beispiele finden sich an den Kathedralen von Barcelona, Saragossa und Sevilla sowie an der Königlichen Kapelle von Granada. In Deutschland entstanden derart monumentale Kirchengitter erst in der Barockzeit.

Die spanischen Fenstergitter des 16. Jahrhunderts wurden als Korbgitter gestaltet, in denen die senkrechten Stäbe dominieren. An der Casa de las Concas in Salamanca findet man auch Gitter in Formen der oberitalienischen Renaissance, verbunden mit Elementen der Gotik.

Technisch ergaben sich keine bedeutenden Fortschritte – nur die bekannten Arbeitstechniken wurden verfeinert.

Barock 2.3.4

Die Entwicklung über freiere zu regelrecht kühnen Gestaltungen führte zu einem gleitenden Übergang von der Renaissance zum Barock, einem Stil, der von rund 1600 bis zur Mitte des 18. Jahrhunderts Gültigkeit hatte. Die Suche nach neuen Formen auf der Grundlage einer hoch stehenden Technik ließ das Statische stärker hinter dem Dekor optisch zurücktreten. Perspektivisch wirkende Gitter zum Beispiel zeigen oft dutzende Arten von Stabeisen, unter denen das Vierkanteisen bevorzugt wurde. Messing und Bronze kamen nun verstärkt zum Einsatz. Man arbeitete durchdacht und berechnete genau. Verdoppelungen, Durchschiebungen, Winkligbiegungen der Stäbe ergaben unter anderem Ver-

Gitter im Stiegenhaus des
Klosters von Stams, Tirol

schlingungen in Symmetrie, Blattformen wurden reicher und gerollt, Spiralen und Voluten schief oder lang geformt. Gitter erhielten unterschiedlich gestaltete Vorder- und Rückseiten, sie wurden plastischer, prunkvoller und vornehm-repräsentativ.

In der Folge des Dreißgjährigen Kriegs wurden die Fürstenhöfe zu Zentren der kulturellen Entwicklung. Frankreich war die führende politische Macht, und viele französische Künstler übten ihre Berufe in Deutschland aus und/oder prägten die Arbeitsweise im Land. Der Krieg und die Kleinstaaterei verhinderten also eine eigenständige Entwicklung in Deutschland und der Verlust an Arbeitskräften ließ »Eisenzentren« regelrecht einbrechen.

Zwischen 1680 und 1760 entstanden die bekanntesten Meisterwerke des Barock, teilweise in zeitlicher Überschneidung mit Werken des Rokoko, auch noch des Klassizismus; ein Beispiel ist das Gitter an der Würzburger Residenz, um 1734 bis 1767 entstanden. Frankreichs künstlerische Vorherrschaft fand ihren Höhepunkt in den drei Zeitabschnitten, die nach den drei jeweils regierenden Königen benannt werden: Louis-quatorze-, Louis-quinze- und Louis-seize-Stil. Die zeittypischen Einzelornamente finden sich in Architektur und Innenarchitektur gleichermaßen, an der Kunst am Bau wie auch an den Möbeln. Erstmals entstanden Kupferstichvorlagen speziell für Schmiede und Schlosser, in Form der so genannten Schlosserbücher, zum Beispiel von Mathurin Jonsse, 1627, oder von Hugues Brisville, 1663.

Metallarbeiten größeren Formats aus dieser Zeit haben sich eher zufällig erhalten, denn die veränderte Auffassung des 18. Jahrhunderts hat zum Beispiel dazu geführt, dass große Gitter des 17. Jahrhunderts vernichtet wurden. Zur Zeit der französischen Revolution lehnte man königlichen Prunk ab und schmiedete Gitter zu Waffen um; im Oktober 1789 wurde Versailles unter anderem mit Hilfe der als Lanzen ausgeschmiedeten Gitterstäbe des Avant-Cour, die man aus dem Gitter herausriss, gestürmt.

Die Grille d'honneur, das Ehrengitter, ist eine Erfindung des Barock. War die mittelalterliche Burg mit einem Wall und einem Graben umgeben und befestigt, erhielt das Stadtschloss einen Innenhof oder eine Öff-

Fenstergitter in Stams

nung zum Garten. Theater und Schauspiel entfalteten sich im Barock als Teil der prunkvollen Machtdemonstration, die hinter den Gittern der Ehrenhöfe, in denen Begrüßungen, Verabschiedungen und Paraden zelebriert wurden, den respektvollen Zuschauer benötigten, der den Hintergrund bilden musste, aber nicht zu nahe kommen durfte. Beispiele finden sich in der Residenz in Würzburg, im Buckingham Palace, London, und im Gothaer Schloss.

In Italien entwickelte sich die barocke Schmiedekunst nicht einheitlich, sondern regional unterschiedlich, auf der Grundlage handwerklicher Überlieferung und ornamentaler Einflüsse anderer Gattungen, zum Beispiel der Buchkunst. Italienische Gitter haben eine stärker flächenhafte Wirkung als die Arbeiten aus nördlicheren Ländern. Am häufigsten kommen Volutengitter vor, C- und S-Ornamente aus Vierkant- und Flacheisen lassen sich fast bis ins 19. Jahrhundert verfolgen. Bereichert wurden diese Grundornamente zum Beispiel durch Blüten oder Palmetten. Voluten aus dünnem Bandeisen entstanden im Veneto. Stärkeres Vierkanteisen mit Knospen, Blättern und Spindelblumen wurde im westlichen Oberitalien verwendet, etwa in der Provinz Novara. Die spanische Renaissance stand in Oberitalien Pate für die Gittergestaltung im zweiten Drittel des 17. Jahrhunderts – Beispiel ist die Kartause von Pavia –, während die erste Hälfte des 18. Jahrhunderts dann unter französischem Einfluss stand. Beispiele hierfür sind das Ovalfenster am Palast der Akademie der Wissenschaften in Turin und das Gitter an Spital und Universität in Modena. In Rom entstanden in dieser Zeit frühklassizistische Arbeiten, die sich an der Architektur orientierten, so die Gitter an der Vorhalle von St. Peter und an der Laterankirche.

Die Entwicklung der barocken Kunstschmiedewerke in Frankreich begann mit den der Antike verpflichteten Portalen des Schlosses Maison-sur-Seine aus der Mitte des 17. Jahrhunderts. Fast gleichzeitig entstand der vergoldete Balkon am Schloss Ludwigs XIII. in Versailles, der sich um das gesamte Bauwerk zog. Selbst in den Parks gab es schmiedeeiserne Elemente wie Parktüren und -gitter, Laubengerüste, Parkgebäude oder Triumphbögen.

Mit der Zeit wurden die Formen leichter, und gegen Ende des 17. Jahrhunderts entstanden die klassischen Formen, Grundlage der Gitter des Jean Lamour in Nancy: Zusammenfassung von zwei senkrechten Stäben durch Bünde oder Schnörkel, aus Flacheisen gebogenes Bandelwerk und dünne, aufgelegte oder aufgenietete Blechornamente mit getriebenen Glockenblumen, Rosetten und Palmetten, als Abschluss ein

Fenstergitter in Stams, vernietet

Ornamentfries und ein Profilgesims. Das Gitter diente nicht mehr nur als Abtrennung beziehungsweise Abschluss, sondern betont auch den Raum; es folgt den Kurven des Platzgrundrisses – es formt und schließt den Raum fast organisch. Jean Lamour (1698–1771), der bei seinem Vater gelernt und sich in Metz und Paris weitergebildet hatte, war eine der Meisterpersönlichkeiten des Barock, die hoch geehrt wurden und nicht mehr nur als »Gitterschmiede« oder »Zeugmacher« bekannt waren. An der Wende zum 18. Jahrhundert entstand das Chorgitter der Kathedrale zu Beauvais mit aufbrechendem Bandelwerk, wie es Jean Bérains Ornamentstiche zeigen, und der Hofarchitekt Robert de Cotte entwarf das Chorgitter für Notre-Dame. Die erste Hälfte des 18. Jahrhunderts zeigt dann Schmiedearbeiten von geistreicher Eleganz, zum Beispiel die Gitter am Schloss Dampierre Aube, Bas-Champagne.

In Deutschland war die Renaissance im 17. Jahrhundert noch spürbar. Zwar durchsteckte man Stäbe weniger häufig, und das Akanthusblatt setzte sich mehr und mehr durch, aber noch bis ins zweite Jahrzehnt des 18. Jahrhunderts findet sich das Spiralornament aus dünnen Rundstäben. Die schwierige und zeitaufwendige Verarbeitungstechnik des Eisenschnitts wurde sehr geschätzt, vor allem für die Herstellung von Waffen, Geräten und Münzprägestöcken. Formal vergleichbar ist diese Technik – ein Meister war zum Beispiel Gottfried Leygeber – mit der des Holzbildschnitzers.

Typisch für den süddeutschen Raum sind perspektivische Gitter, die tiefe Galerien, Gänge oder tiefer liegende Fenster beziehungsweise Türen andeuten sollen, zum Beispiel am Dom in Luzern, an St. Ulrich in Augsburg oder die Chorgitter der Klöster Weingarten und Zwiefalten, die Domgitter in Konstanz und die Gitter der Benediktinerkirchen Einsiedeln und Muri (Schweiz).

Spät erst wirkte die französische Formensprache in Deutschland. Zunächst bestellte man die Entwürfe in Paris, zum Beispiel für das Chorgitter des Klosters Obermarchtal in Schwaben. Später dann entwickelte sich Wien zum Zentrum deutsch-österreichischer Schmiedekunst; hier gab es mit der Blüte der Architektur ein großes Betätigungsfeld für die Schmiede, für die zum Beispiel Prinz Eugen ein wichtiger Auftraggeber war, etwa für die Tore am Oberen Belvedere in Wien und für den Schlosshof an der March. Das Ornament wurde nach französischem Vorbild geformt, ist aber von größerer Fülle und mit größerem technischen Können gearbeitet. Es zeigt aus dem Vollen geschmiedete Akanthusblätter und groteske Rankenformen bei gleichzeitig stärkerer Differenzierung der Stabprofile. Ein Beispiel für diese Zeit ist auch ein Gitter in St. Emmeran in Regensburg.

Palmettenmotive erscheinen in Türfüllungen und Bekrönungen, auf die Kreuzungsstellen der Stäbe wurden kleine Rosetten aufgebracht. Akanthuslaub, Kränze, Girlanden, Kartuschen, Kronen und Wappenschilder treten auf, auch Namenszüge oder Initialen. Ornamentvorlagen in Form von Stichen verbreiteten diese Formensprache, in deren Mittelpunkt der Akanthus steht; seine lappigen, breiten Blätter wachsen muschelähnlich aus den gebogenen Stäben hervor. Unterschiedliche Materialstärken führen rhythmisch zu den gestalterischen Höhepunkten der Gitter, die plastisch ausgeprägt sind, während die übrigen Stellen regelrechte Flachmuster, ja fast stabgeländerartige Wirkungen zeigen. Berühren sich Stäbe und Voluten nicht, wurden kugelförmige Verbindungsglieder eingesetzt.

Für die Schwünge und Proportionen des gestalteten Eisens waren Architekturformen bestimmend. Geteilte und gebrochene Giebelverdachungen, Schweifungen oder perspektivische Wirkungen zeigen sich an

Türband in Weingarten, ausgehackt und getrieben, und Sprechgitter

Geländern und Gittern von Treppen, Balkonen und Balustraden. Die Gitter entfalten sich nicht in der ebenen Fläche, sondern schwingen in zylindrischer Bewegung. Auch Torpfosten wurden säulenartig in Eisen gefertigt. Andere Metalle wurden häufig für Gerät und Beschläge eingesetzt; die Zugehörigkeit dieser Objekte zum Barock fällt nicht sofort ins Auge, denn die Großzügigkeit der Zeit ließ sich in der kleinen Form weniger markant umsetzen.

Rokoko 2.3.5

Die Zeit des Rokoko vom ersten bis zum letzten Viertel des 18. Jahrhunderts entspricht in etwa der Regierungszeit Ludwigs XV. von Frankreich (1715–1774, Louis-quinze). Der Name dieser Stilepoche geht auf die Bezeichnung ihres prägnantesten Ornaments zurück, auf die »Rocaille«, das Grotten- oder Muschelwerk. Es findet sich in der Architektur in Stein oder auch in Stuck. Nach Deutschland gelangte das Muschelwerk um 1730/40, es setzte sich dann in allen Bereichen der Gestaltung durch. Die geschmiedeten Türen der Jesuitenkirche in Mannheim, um 1750, zum Beispiel zeigen flammendes Muschelwerk. Mit der Kleinkunst befassten sich die Schmiede zu dieser Zeit kaum.

Detail des Gitters von Jean Lamour, Place Stanislaus, Nancy, 1751–1754

Detail des Gitters von Johann Georg Oegg an der Residenz, Würzburg

Die Eisenarbeiten wirken wie Gewebe, leicht und duftig. Der Dekor hatte herausragende Bedeutung, die Tektonik löste sich in Ornament auf. Technische und auch militärische Entwicklungen minderten die Schutzfunktion von Gittern und Beschlägen, dafür verstärkte sich die ornamentale, üppig-repräsentative Ausgestaltung. Auf Symmetrie hat man oft verzichtet, auch auf die gerade Linie. Blätter wurden mehrfach gefurcht und in die Länge gezogen, Blattenden umgeworfen, um die Lebendigkeit zu erhöhen. Die Verwendung des Schmiedeeisens war bestimmt von einer Steigerung barocker Formen. Im Innenraum haben es Messing oder Bronze allerdings fast gänzlich verdrängt. Eisen galt nicht mehr als repräsentativ.

Als fürstliche Monumentalkunst war die Schmiedekunst des Rokoko an den Höfen, in den Schlössern und Parkanlagen, weltlicher und geistlicher Fürsten angesiedelt. Typische Werke sind die Gitter der Würzburger Residenz (1734–1767) aus der Werkstatt des Tirolers Johann Georg

Oegg, in der auch kleinere Arbeiten am Schloss ausgeführt wurden sowie die geschmiedeten Parktore und das Eisenwerk der Schönborn-Kapelle des Würzburger Doms. In Frankreich stammen bedeutende Gitter dieser Zeit von Jean Lamour: am Place Stanislaus in Nancy (1751–1754) und am Rathaus der Stadt. Das 18. Jahrhundert brachte auch bedeutende Kirchengitter hervor, die im Zuge der Gegenreformation in den katholischen Kirchen zunehmend größer und prachtvoller wurden. Im Benediktinerkloster Amorbach beispielsweise hat das Gitter (Lettner) zwischen Chor und Langhaus die Breite aller drei Kirchenschiffe. Die farbige Gestaltung spätbarocker Kirchenräume wurde auf die Gitter übertragen, mannigfaltige Formen des Ausgangsmaterials kamen zum Einsatz, etwa Band-, Flach-, Rund- und Vierkanteisen, Eisenguss oder Blech.

Ofenschirm im Rathaus von Lübeck

Rokoko

Türklopfer aus Kassel; Germanisches Nationalmuseum, Nürnberg

Die repräsentativen Treppenanlagen fürstlicher Residenzen wurden mit Gittern zur seitlichen Sicherung versehen. Die Residenz Würzburg, Schloss Brühl am Rhein oder das Rathaus Bischofzell erhielten so Transparenz und Licht. Die Fenster wurden größer, sie öffneten das Haus auf der Schauseite, und man versah sie mit schmückenden Gittern oder ausgebuchteten Fensterkörben, hinter denen man auf die Straße schauen konnte.

Seit der Renaissance gab es, auch weil das Banksystem zunehmend andere Aufbewahrungsmöglichkeiten bot, immer seltener eisenbeschlagene Truhen und Türen, die schmückende Funktion des Metalls wurde wichtiger. Führungslinien an Schlössern waren nicht mehr nötig, da die Straßenbeleuchtung besser und die Bebauung großzügiger wurde. Geschmiedete Ausleger luden zur Einkehr in Gasthöfe ein oder wiesen auf Handwerker hin; durch ihre Transparenz verdeckten sie die Gebäude selbst nicht. Ihre Form, der Winkelhaken der Renaissance, löst sich in ein Spiel von Ornamenten auf, Greifenköpfe halten die Signets. Grabkreuze sind kaum erhalten, da der Rost und die fehlende Pflege das Material verrotten ließen.

Nur noch in Museen sind Grabkreuze aus dem 17. Jahrhundert – ihre Blütezeit hatten sie im 18. Jahrhundert – zu finden, mit Girlanden, filigranen Rocailles, Putti und Totenköpfem, mit Wappen, der Schlange des Sündenfalls und figürlichen Szenen. Selbst diese Grabzeichen waren farbig gestaltet.

Detail vom Gittertor des oberen Belvedere in Wien

2.3.6 Klassizismus

In einer Art Gegenbewegung zum technisch-künstlerischen Höhepunkt der Barock- und Rokokozeit versuchte man in der zweiten Hälfte des 18. Jahrhunderts, zu strengeren Formen überzugehen. Die Rückbesinnung auf antike Motive wie Mäander und Blumenbänder, Flecht- und Lorbeergirlanden führte zu größerer Klarheit und Nüchternheit, wie sie den Klassizismus zwischen 1770 und 1830 kennzeichnen, eine Zeit, in der der Absolutismus seinen Zenit überschritten hatte und sich die französische Revolution auswirkte. Ab der Mitte des 18. Jahrhunderts hatte die Antike für das Abendland wieder herausragende Bedeutung erlangt, auch unter dem Einfluss von Johann Joachim Winckelmann (1717–1768), dem Begründer der neueren Archäologie. Die Dominanz der Rocaille, der Volute und der Kartusche wurde vom eckigen Mäander oder vom Kreismotiv gebrochen; eine zierliche Vase mit geordnetem Blumenstrauß bekrönte nun den Pfeiler an Stelle bewegt schwingender Gebälkstücke. Vierkantstab, Gussfiguren und Gesenkstücke fanden verstärkt Einsatz.

Treppe im Jagdschloss Granitz auf Rügen

Das Ungestüme der heftigen Bewegungen und wuchernden Details beruhigte sich zu einem Klassizismus, der in der französischen Schmiedekunst schon immer zu spüren war. Die neue Stilrichtung, in Frankreich zunächst als »Goût grec« (griechischer Geschmack), später als Stil des Louis XVI bezeichnet, führte das Schmiedeeisen auf seine flächengliedernde Funktion zurück wie auch auf die Trennung von Statik und Ornament; letzteres, häufig aus Messing oder Bronzeguss, wurde vielfach additiv hinzugefügt beziehungsweise aufgelegt. Eine harte und kantige Formensprache, die nüchternen Reihungen, Rankenmuster, Bogenserien, die Ellipsen, Kreise und Kreissegmente bestimmten die Zeit bis in die erste Hälfte des 19. Jahrhunderts. Das kantige, oftmals blank gefeilte, farblose Eisen eignete sich hervorragend für diese Motive.

Die Wendung zur Antike beendete die empfindsame Zeit des Rokoko und bereitete einem neuen Monumentalstil den Weg. Beispiele in Frankreich sind die Gitter an der Ecole Militaire und das Portal des Justizpalastes in Paris, in Italien die Gitter der Vorhalle von S. Giovanni in Laterano in Rom, in England Gitter mit chippendale-artigen Formen und in Deutschland das Gitter in Veitshöchheim, der Ausleger zum Straußen

Ausleger in Süddeutschland

Grabeinfassung aus Gusseisen, Görlitz

Klassizismus

Portalgitter am Justizpalast in Paris

in Bad Mergentheim und die Balkonbrüstung in Weimar. Napoleons Feldzug in Ägypten gab dann den Anstoss, ägyptische Motive aufzunehmen, was zum pathetischen Empirestil führte. Beispiele für klassizistische Metallarbeiten in Deutschland finden sich in Berlin am Schauspielhaus, an der Neuen Wache und am Alten Museum, in Löbau am Friedrich-August-Turm und in Binz auf Rügen an der Treppe des Jagdschlosses Granitz.

Geschmiedete Gitter waren um 1800 recht selten, Bronze und Eisenguss hatten geschmiedete Formen abgelöst; die nur mehr wenigen Schmiedearbeiten zeigen sehr einfaches Stab- und Volutenwerk. Das erste Drittel des 19. Jahrhunderts stand ganz im Zeichen der beschleunigten Industrialisierung, die ihren Zenit etwa 1870 erreichen sollte, dem um 1890 eine starke Konzentrationsbewegung folgte; im Zuge dieser

Entwicklung gewann das Bürgertum an wirtschaftlicher Bedeutung. Schon mit dem Aufkommen der Maschine im Rokoko hatte allerdings der Verfall im Handwerk eingesetzt. Naturalistische Schmuckteile wurden ausgestanzt oder gepresst und als Katalogware angeboten.

2.3.7 Historismus

Die Villengrundstücke des vornehmen Bürgertums im Grünen vor der Stadt waren im 19. Jahrhundert umgeben von Gittern, bekrönt mit quastenbesetzten Lanzen. In einem neuen Realismus rankten sich Trauben und Weinlaub um Vierkantstäbe. Die nahezu ausschließliche Verwendung des Grundmaterials Vierkant beraubte die Kunst des Schmiedens ihrer Bestimmung. Die Formen kamen nun aus dem Gesenk der Presse, Serien wurden gegossen und gepresst, die individuelle Arbeit entfiel fast gänzlich. Diese Zeit von der Mitte bis zum Ende des 19. Jahrhunderts, die Zeit des Historismus, in der die Stile der Vergangenheit nachgebildet und zum Teil auch in einem Werk vereint wurden, ließ die Schmiedekunst veröden. Man wollte alle Lebensbereiche durch diese Art der Formgebung überhöhen; der Rückgriff auf die Formen der vorausgegangenen Kunstepochen war ein Ausdruck übersteigerten Repräsentationsbedürfnisses. Erst kurz vor der Wende zum 20. Jahrhundert legte man wieder Wert auf größere geschmiedete Arbeiten. Vorerst war Handwerksarbeit vielfach nur vorgetäuscht, Schmuckelemente für Gitter konnten nach Katalog bestellt werden, der Architekt wählte aus, und

Balkongitter aus Eisenguss in Fulda

Rosette an einem Gittertor
in Erfurt

Vorgartenzaun in Weimar

die Metallhütten lieferten die fertigen Formen. Der Handwerker addierte sie nur noch, indem er sie zusammenschweißte, -steckte oder -nietete.

Beispiele für Metallarbeiten des Historismus finden sich in der Kirche Sacré-Cœur in Paris, im Dom in Berlin-Mitte, an der Straßenbrücke über die Nordelbe in Hamburg und in Wohnhäusern und Villen aller größeren Städte. Nur selten verwendete man in vornehmen Villen und Mietshäusern geschmiedete Arbeiten auch als Gebrauchsgegenstände wie Lampen, Garderoben- oder Blumenständer.

Für das Bauwesen wurden überwiegend vorgefertigte Stahlträger zusammengenietet beziehungsweise gegossen. Die hüttenmäßige Gusseisenproduktion hatte in Deutschland schon eine lange Tradition, nachweisbar ab 1430: Vor allem in den holzreichen Mittelgebirgen wurden Kamin- und Ofenplatten gegossen. Der Kupolofen, gegen Ende des 18. Jahrhunderts von J. Wickinson erfunden, erweiterte die Möglichkeiten, Gusseisen herzustellen, zum Beispiel für Maschinenteile oder auch Modeschmuck. In der Architektur führte der Einsatz von Gusseisen zu

Blick in die Konstruktion des Eiffelturms aus vernietetem Walzstahl, Paris, 1889

bahnbrechenden Entwicklungen, da die gegossenen Teile tragende und dekorative Funktion zugleich hatten und so neue Raumformen ermöglichten, die zuvor konstruktiv nicht denkbar gewesen waren. Beispiele jener Zeit sind der Kristallpalast von Joseph Paxton in London, 1850/51, und der Eiffelturm in Paris, 1889, als Bauwerk aus vernietetem Walzstahl.

Die Gegenbewegung gegen die Industrialisierung im Kunsthandwerk blieb nicht aus. In England strebte das Arts and Crafts Movement, fußend auf den Gedanken von William Morris und John Ruskin und benannt nach der 1888 gegründeten Arts and Crafts Exhibition Society, die Erneuerung des Handwerks an. Zu Ende des 19. Jahrhunderts hatte man in Deutschland, wie zuvor schon in England, Kunstgewerbemuseen und -schulen errichtet. Diese Schulen waren dann bestimmend für das Handwerk in der ersten Hälfte des 20. Jahrhunderts. Doch war nun das Handwerk ohne die Maschine nicht mehr vorstellbar, und man kümmerte sich zunehmend um die Formfindung für eine maschinelle Fertigung. Im Anschluss an die 3. Deutsche Kunstgewerbeausstellung in Dresden, 1906, wurde in München 1907 der Deutsche Werkbund gegründet, dessen Ziel es war, Künstler und Produktionsbetriebe zusammenzuführen, handwerkliche wie auch industrielle Produktion ästhetisch weiterzuentwickeln. Diese Bestrebungen, auch im Schmiede- beziehungsweise Metallhandwerk maschinengemäße Formen und eine Vereinfachung der Produktgestalt zu erreichen, waren dann im ersten Drittel des 20. Jahrhunderts verstärkt wirksam; die Kunstgewerbeschulen halfen, die Werkbundidee zu verbreiten.

2.3.8 Jugendstil

Der Jugendstil in der Zeit um 1900 war mit seiner Betonung der Linie in Fläche und Form die Antwort auf den historischen Ornamentstil. Zentren in Europa waren Paris, Nancy, München, Berlin, Darmstadt, Brüssel, Barcelona, Wien, Glasgow und Riga, in den Vereinigten Staaten von Amerika New York und Chicago. Samuel Bings Pariser Kunsthandlung »Maison de l'Art Nouveau« gab dem Stil in Frankreich den Namen Art Nouveau, seine deutsche Bezeichnung geht auf die in München herausgegebene Zeitung »Jugend« zurück, und in England wurde er Modern Style genannt. Dort hatte schon die Londoner Weltausstellung des Jahres 1851 Tendenzen der Gestaltung sichtbar gemacht, die in den künstlerischen und sozialreformerischen Ideen von John Ruskin und William Morris, in der Arts-and-Crafts-Bewegung und letztendlich im Jugendstil weiterwirkten. Dieser hatte zum Ziel, die Kluft zwischen den Künsten und der Industrieproduktion zu schließen, alle Künste zu umfassen, und er nahm vielfältige Anregungen aus anderen Kulturen auf. Die betont kunsthandwerkliche Arbeitsweise im Jugendstil war arbeits- und zeitintensiv, die Produkte waren daher nur für die Mittel- und Oberschicht erschwinglich.

Die für das Bauwesen neuen Materialien wie Glas und Metall inspirierten die Architekten der Zeit, und so entwickelte sich die Basis für die Architektur des 20. Jahrhunderts zunächst in der Eisenbahnarchitektur.

Dachaufsatzgitter in Heidelberg

Brüstungsgeländer an der Casa
Mila von Antonio Gaudí,
Barcelona

Fabriktor in Arnstadt

Der neue Gestaltungswille zeigte sich später am deutlichsten an repräsentativen und öffentlichen Gebäuden, zum Beispiel am Hôtel Tassel in Brüssel von Victor Horta (1892), an den Häusern von Antonio Gaudí in Barcelona (1905–1907), an der School of Art in Glasgow von Charles Rennie Mackintosh (1896–1909), am Majolikahaus (1899) sowie am Postsparkassenamt (1904–1906) in Wien, beide von Otto Wagner.

In der Rückbesinnung auf das Handwerk faßte man Produktgestaltung, Kunsthandwerk und Architektur als Einheit auf, man strebte nach Material- und Funktionsgerechtigkeit in der künstlerischen Gestaltung möglichst aller Lebensbereiche. Der vor allem in der floralen Phase des Jugendstils dominierende dekorativ-ornamentale Ansatz bildete eine werkbetonte, zweckgerichtete Gestaltungsabsicht heraus. Teilweise bediente man sich auch leuchtender Farben.

Indem er sich vom Historismus und dessen Schematisierung absetzte, belebte der Jugendstil die Schmiedekunst aufs Neue. Industrialisierung und Massenproduktion des späten 19. Jahrhunderts hatten die Kunst in die gefährliche Nähe einer technoiden und damit inhumanen Entwicklung gebracht. So wandte man sich der Natur und ihren Formen zu und besann sich wieder auf das Handwerk. Kühn stilisierte Formen der Natur und Dekorationsfreude machten sich überall bemerkbar. Das Schmiedeeisen war wie geschaffen für die Blütenschleifen des Jugendstils. Baubeschläge, Balken und Treppengeländer, Türen und Zäune, Fenstergitter oder Stützen in der Architektur waren die wichtigsten Arbeiten der Schmiede jener Zeit.

Die Entwürfe stammten von Architekten wie Antonio Gaudí, der als ausgebildeter Kupferschmied die Gitter an der Casa Mila in Barcelona teilweise selbst schmiedete, wie Otto Wagner aus Wien, Hector Guimard aus Frankreich, der die Eingänge der Pariser Metro gestaltete, oder Josef Maria Olbrich, der die Kuppel des Ausstellungsgebäudes der Wiener Sezession von fünf Metern Durchmesser, mit dreitausend vergoldeten Lorbeerblättern und siebenhundert Beeren aus Eisen gestaltete und auch in der Darmstädter Künstlerkolonie Mathildenhöhe wirkte.

Metall eignete sich sehr gut, die neuen Architekturformen über die Fassade hinweg zuführen beziehungsweise für deren Dekor. Doch fand es auch in der Innenraumgestaltung Verwendung, bis hin zu Skulpturen und Reliefs. Die Entwürfe wurden akribisch angelegt, sie haben eigenen künstlerischen Wert. Neue Möglichkeiten für die Gestaltung von Lampen ergaben sich nach der Erfindung der Glühbirne durch Thomas Alva Edison (1880).

Dem üppigen floralen Jugendstil stehen die nüchterneren Formen von Künstlern wie Henry van de Velde, Richard Riemerschmid oder Peter Behrens gegenüber. Auch in Großbritannien, speziell in Schottland, und in Amerika wandte man sich von geschwungenen Formen ab und

Oberlichtgitter in Hamburg

bevorzugte vom Beginn des 20. Jahrhunderts an die gerade Linie und das Rechteck, was wiederum großen Einfluss auf den Jugendstil in Wien hatte. Hier wurde die Traditionslinie von Mackintosh und der Glasgower Schule fortgeführt in der Wiener Sezession und in den Wiener Werkstätten, wo auch die soziale Funktion der Kunst von Bedeutung war.

Art déco 2.3.9

Die Ausstellung »L'Exposition Internationale des Arts Décoratifs et Industriels Modernes« in Paris, 1925, gab der Stilrichtung zwischen den beiden Weltkriegen im 20. Jahrhundert ihren Namen. Anregung für die Formfindungen boten die Pariser Mode und die Entdeckung des Grabs von Tutanchamun, 1923; der zunehmende weltweite Handel und die Massenproduktion sorgten für weite Verbreitung. Das Maschinenprodukt war nun anerkannt und führte zur Verbindung von Design und Industrie.

»Alles ist möglich« war ein Leitspruch der Zeit. Die Frauen hatten durch ihre Arbeit in Männerberufen während des Ersten Weltkriegs Selbstbewusstsein entwickelt, und nach dem Krieg entstand ein neues Unternehmertum. Die neue Mittelklasse bevorzugte elegante Wohnun-

Gitter vor einer Türverglasung
in Halle an der Saale

gen in größeren Städten, pompöse Villen waren ab den zwanziger und dreißiger Jahren nicht mehr gefragt. Gefragt waren jedoch Designer, denn die schnelllebige unternehmerische Zeit hatte großes Interesse an ihrer Selbstdarstellung. Auto, Flugzeug, Ozeandampfer, Radio und Kino waren Symbole des Fortschritts und der Geschwindigkeit und boten Inspiration für die Gestaltung.

Zielgruppe für die meisten Gestalter war jene Mittelschicht, soziales Denken hatte kaum Bedeutung; nur wenige, zum Beispiel Le Corbusier und einige Bauhauskünstler, beschäftigten sich mit dem Problem von Form und Funktion, wollten gut gestaltete Industrieprodukte für viele zugänglich machen. Doch 1929 veränderte der Börsenkrach an der Wall Street die Situation, die Weltwirtschaftskrise brachte vielen Menschen Elend und bereitete schließlich das Feld für den Nationalsozialismus.

In der Architektur wurde Metall in den geometrischen Formen des Art déco eingesetzt, wie in den dreißiger Jahren generell die reine Geometrie für die Gestaltung ausschlaggebend war. Man bevorzugte Edelstahl, Chrom und Aluminium, denn die Farbe Silber bestimmte die Mode, wie das Chrysler Building in New York zeigt. Weitere Beispiele für die Verwendung von Metall in der Baukunst sind das Odeon-Kino in London Woolwich, die Villa Stoclet von Josef Hoffmann in Brüssel, die Kirche Notre Dame in Raincy bei Paris, die New Yorker Radio City Music Hall und das Londoner Gebäude der BBC am Portland Place.

2.3.10 Bauhaus

Für das Staatliche Bauhaus, die 1919 in Weimar gegründete Schule mit Werkstätten für das gestaltende Handwerk, für Architektur und bildende Künste, stand die Einheit der Künste unter Vorherrschaft der Architektur im Mittelpunkt sowie die Synthese von Handwerk und Kunst, ähnlich wie in der mittelalterlichen Bauhütte. Die Erschließung neuer Gestaltungsweisen für die industrielle Massenproduktion war ein wichtiges Ziel. Das Bauhaus wurde 1925 nach Dessau, 1932 nach Berlin verlegt und 1933 aufgelöst.

Den Arbeiten der Metallwerkstatt fehlte der direkte Architekturbezug. Die handwerkliche Einzelproduktion war bis 1923, bis zum Weggang von Johannes Itten, vorherrschend. In den folgenden Jahren dominierten Sachlichkeit und Funktionalität, die Stahl- und Glas-Architektur. Gitter wurden nur noch aus Rohren zusammengeschweißt oder aus horizontal verwendetem Flachstahl gefertigt. Architekten und Künstler, wie zum Beispiel Walter Gropius und Ludwig Mies van der Rohe, gestal-

Türbeschlag aus den Werkstätten des Bauhauses Dessau

teten auf dem Reißbrett die klaren Formen des Gesamtkonzepts. Auf handgeschmiedete Beschläge verzichtete man weitgehend, es wurden industriell gefertigte verwendet.

In der Metallverarbeitung begann man, bewusst technisch zu gestalten, mittels moderner Techniken des Schweißens, Brennens, Fräsens, Drehens, Stanzens usw. Die jahrhundertealte Bindung der Schmiedekunst an die Architektur schien durch die Entwicklung der Industrie, somit der Bautechnologie, und durch die sachlich-funktionelle Gestalt der Baukörper nahezu aufgehoben. Man verarbeitete Aluminium, Kupfer, Neusilber, Messing, Bronze und Tombak. Alle Baudetails fügten sich zum Gesamtbild, das ohne jede Verzierung auskam, und waren auf ein Minimum reduziert. Beispiele sind das Bauhaus in Dessau, Musterhaus am Horn von Georg Muche in Weimar und das Haus Schröder von Gerrit Rietveld und Trus Schröder-Schrader in Utrecht.

Die Zeit zwischen 1933 und 1945 2.3.11

In der anschließenden Zeit des Nationalsozialismus (1933–1945) legte man Wert auf handwerkliche Arbeit im Sinne eines Realismus, der auf das 19. Jahrhundert zurückgeht. Man verwendete edle und beständige Materialien als Sinnbild für Unzerstörbarkeit und Langlebigkeit, die

Brüstungsgitter an einem Wohnhaus in Fulda

Gestaltung lehnte sich oft an römisch-antike Vorbilder an. Gitter, Beschläge oder Tore dienten der Repräsentation von Stärke und Macht der staatlichen Autorität und des »arischen« Menschen.

Daneben gab es eine Art Vorgarten-Kunstgewerblichkeit, besonders deutlich erkennbar an Kaminböcken und Fenstergittern, die wenig gestaltet, künstlich mit Hammerschlag versehen und fast ausschließlich geschweißt sind.

Beispiele für Metallarbeiten der Zeit sind die Eingangstür des Konzentrationslagers Buchenwald bei Weimar und der Fahrstuhl zum Hitlerhaus am Obersalzberg bei Berchtesgaden.

2.3.12 Nachkriegszeit und Wiederaufbau

Die Zerstörungen des Zweiten Weltkriegs führten nach 1945 zu einer Besinnung auf Tradition, Erhaltung und Ergänzung historisch bedeutender Bauwerke, somit auch zur Restaurierung von Stahl- und Eisenarbeiten der Vergangenheit. Das Können einiger Handwerker war nun besonders wertvoll; als einer unter vielen anderen sei Fritz Kühn aus Berlin genannt. Dennoch ließ diese Zeit der Selbsthilfeprogramme, der Trümmerbeseitigung und -verwertung viele Metallarbeiten verschwinden. Die Entwicklung von etwa 1950 bis 1990 verlief in Ost- beziehungsweise Westdeutschland unterschiedlich.

In Westdeutschland besann man sich nach dem wirtschaftlichen Aufschwung der sechziger Jahre und mit dem wachsenden Lebensstandard verstärkt auf die Geschichte und richtete das Augenmerk zunehmend auf die Altstadtsanierung. Allerdings wurden viele Fehler begangen, da Handwerker und Bauleute oft wenig kundig waren. Erst spät lernte man aus den Fehlern und schulte Handwerker in alten, teilweise vielfach vergessenen Techniken. Die sinnlose »Kunstschweißerei« in den Wohlstandsländern, in denen jeder sein Zäunchen und Gitterchen brauchte, führte bisweilen zur Zerstörung alter Stadtbilder. Besitzer alter Häuser ließen Fachwerk überputzen, neue Fenster und Türen einbauen; alte Metallarbeiten wanderten auf den Schrottplatz. Kulturgut, das zum Verständnis der eigenen Geschichte heute fehlt, ging damals verloren.

In Ostdeutschland blieb förmlich »alles beim Alten«. Aufgrund des Mangels an finanziellen Mitteln und an Baumaterial sowie aufgrund vielfach ungeklärter Eigentumsverhältnisse wurde die Altsubstanz sich selbst überlassen. Nach 1990 bot sich daher die Chance, unverfälschte Bausubstanz zu restaurieren. Doch waren zur Zeit der DDR zahlreiche, nicht nur ruinöse Bauwerke der Abrissbirne zum Opfer gefallen, um Platz für Staatsbauten und Wohnsilos für die Arbeiter zu schaffen, zum Beispiel in Berlin Mitte das Stadtschloss oder in Halle an der Saale das Viertel an der Glauchaer Kirche

Gegenwart 2.3.13

Reine Zweckarchitektur kommt ohne Dekor aus. Ein Kerngedanke zeitgenössischer Architektur ist die funktionale und preiswerte industrielle Herstellung; die Gestaltung von Metallarbeiten verkümmert dabei zunehmend. Die Verfügbarkeit neuester Technologien und Materialien bedeutet einen Wandel für Schmiede und Schlosser, die sich heute als Metallbauer bezeichnen. Eisen und Stahl spielen fast ausschließlich in »veredelter Form« (Chromnickelstahl) eine Rolle. Eisen tritt im Stahlbau nur verzinkt oder pulverbeschichtet auf, geschmiedet wird selten; der Ingenieur zeichnet und gibt vor. Beschlagwerk für Türen und Fenster liefert die Industrie, nicht rostend in Aluminium oder Edelstahl-Rostfrei (VA). Das Handwerk wird in diesen Zusammenhängen zum reinen Montagebetrieb, zumal der Handel kalt gepresste Fertigornamente liefert, die jeder selbst weiterverarbeiten kann.

Seit einigen Jahren bildet das Bestreben von Ausbildungsstätten für Handwerker und Gestalter, ein neues Bewusstsein für traditionelles Metallhandwerk zu wecken, eine Gegenbewegung. Im Zusammenspiel von alter Technik und neuem Material sollen bessere und funktionsgerechte Formen entstehen.

Durch bewusstes Verarbeiten von Vorhandenem können wir heute vieles retten beziehungsweise wiedergutmachen. Auf der Basis von gutem Handwerk, einem geschulten Auge und von Wissen um die geschichtliche Entwicklung sind wir in der Lage, einen Beitrag zur Erhaltung unseres Handwerks für die Nachwelt zu leisten. Neuanfertigungen sollen die Handwerker befähigen, sich mit Gestaltungsproblemen bewusst auseinander zu setzen.

Da im Gebiet der ehemaligen DDR viele Gebäude fast unberührt geblieben waren, bot sich die Chance für bewussten Aufbau und verantwortungsvolle Restaurierung. Die Aufträge sind sehr unterschiedlich in Dimension und Bedeutung; auch überschneiden sich Kompetenzbereiche. Es gibt Beratungsstellen, und in der Praxis besinnen wir uns auf die traditionellen Arbeitsweisen. Die gesammelten Erfahrungen über Arbeits- und Vorgehensweisen, Materialeinsatz und anderes mehr hätten es möglich gemacht, die Dinge besser in den Griff zu bekommen. Doch gute Ansätze sind leider vielfach in Gewissenlosigkeit umgeschlagen, und wir finden nur wenige gelungene Beispiele für Restaurierungen aus den ersten zehn Jahren nach der Wende (vgl. Abbildungen auf den Seiten 102 und 103).

In der freien Kunst hingegen hat die ›Eisenarbeit‹ sich kontinuierlich weiterentwickelt. Seit dem Ersten Weltkrieg wurde zunehmend mit unedlen Werkstoffen gestaltet. Erinnert sei an Julio Gonzales, Alexander Calder, Richard Serra, Lynn Chadwick oder Eduardo Chillida. Heute werden Edelstahl Rostfrei, COR-TEN (A und B), Aluminium und Titan verwendet, weil sie haltbarer sind; der künstlerischen Gestaltung des Werdens und Vergehens kommt Eisen allerdings entgegen.

Metallobjekte an historischen Gebäuden 3

So vielfältig wie die Objekte an historischen Bauwerken, so vielfältig sind die Metalle, aus denen sie gefertigt wurden. Sie wurden dem Zeitgeschmack, dem Baustil und dem Bedürfnis nach Repräsentation entsprechend verwendet, abhängig von den Fähigkeiten der jeweiligen Handwerker; auch der Einfluss der Zünfte spielte eine Rolle. In der Romanik hatten sich die Gold- und Silberschmiede von den Grobschmieden getrennt, später unterschied man dann fast siebzig Zweige des Schmiedehandwerks, zum Beispiel Hufschmiede, Spengler, Kettenschmiede, Sichelschmiede, Büchsenmacher, Harnischmacher, Messerschmiede, Gewichteschmiede. Über die Spezialisierung der Arbeitsbereiche und über die Einhaltung von Regeln wachte die Zunft. Meister, Geselle und Lehrling waren in eine fest gefügte Berufsordnung eingebunden, in eine wirtschaftlich orientierte Interessengemeinschaft. Menge, Güte und Preise von Metall wurden kontrolliert und natürlich auch Missbräuche geahndet. Die Zunft entschied, wer in der Stadt welche Arbeit verrichten durfte. Wandernde Handwerker oder Angehörige ortsfremder Konfessionen hatten nicht immer eine Chance.

Die verschiedenen Aufgabenbereiche für das Metall verarbeitende Handwerk entstanden mit der Entwicklung der Technik und der daraus sich ergebenden Lebensweise mit ihren Ansprüchen. Im Folgenden sei auf wesentliche Objekte, die aus Metall hergestellt wurden, hingewiesen; im weiteren Verlauf wird dann auf einige von ihnen spezieller eingegangen:

Blitzableiter, Dachbekrönungen, Dachaufsatzgitter, Wetterfahnen, Turmspitzen, Wasserspeier, Uhren, Dachrinnenhalter, Balkenzieranker, Maueranker: verschieden nach Zweck und Richtung, Sonnenuhren, Fenster- und Füllungsgitter, Brüstungsgitter (für Balkone, Treppenpodeste, Brücken), Treppengeländer, Gitter (zu Toren, Haustüren, Oberlichtern), Kellerfenstergitter, Kellertürgitter, Gitter für Glasfüllungen, Fußabtreter, Fußabkratzer, Handlaufstützen, Podeststützen, Gartentore und Gartentüren, Garten- und Vorgartenzäune, Pavillons, Beeteinfassungen, Rollgitter, Markisen, Scherengitter, Glasdächer (Metallkonstruktion an Villen und Hotels), Ausleger und Werbeschilder, Fahnenhalter, Laternen, Konsolen für Beleuchtungskörper, Leuchter (Hand-, Tisch-, Stand-,

Wand-, Kronleuchter), Brunnengitter und -lauben, Mauerabweiser, Einfahrtsschoner, Eckschoner, Kaminhauben, Kamintüren, Kamingerät, Tischgerät, Geschirr, Ofenschirme, Waschtische, Blumentische, Kleiderhaken, Schirmständer, Truhen, Betten, Stühle und Tische. Hinzu kommen die Beschläge auf Türen, Toren, Fenstern, Möbeln und die Aufsatzgitter auf Inneneinrichtungen; Langbänder (Zungenbänder), Kurzbänder (Schippenbänder), Kloben, Schlösser mit Schlossdeckel, Drücker, Zuziehgriffe, Türklopfer, Türschilder (Schlüsselbleche), Schlüssel mit Bart und Griff, Zuhaltungen für Fenster und Türen, verbindende Schmiedenägel, Schrauben, Nieten und Ketten; heute die so genannte Kunst am Bau, zum Beispiel Skulpturen und Reliefs aus den unterschiedlichsten metallenen Materialien, und nicht zuletzt Grabmäler und Särge.

3.1 Beschläge

Beschläge sind alle Vorrichtungen, die ständiges oder kurzzeitiges Festhalten ermöglichen oder die zur Verzierung an zum Beispiel Toren, Türen, Fenstern und Möbeln angebracht sind. Auf Holz werden sie durch Aufnageln mit Schmiedenägeln, später durch Aufschrauben befestigt. Auf Metall werden sie genietet oder geschraubt. Beispiele für beschläge sind Bänder, Schlösser, Schließbleche, Türringe, Türklopfer.

Schon im alten Ägypten wurden einfache Gelenke zum Öffnen von Truhen und Deckeln gefertigt. Materialien für diese ersten »Bänder« waren Leder, Knochen oder Holz. Schon das Wort Band deutet auf eine bewegliche Verbindung hin. Aus der Jungsteinzeit (in Mitteleuropa 6. Jahrtausend–1800 v. u. Z.) und aus der Hallstattzeit (rd. 750–450 v. u. Z.) sind Vorläufer der heutigen Zapfenbänder bekannt. Wurden Tore oder Türen aus nebeneinander gestellten Baumstämmen gefertigt, war der Stamm der Anschlagseite länger ausgebildet. Oben in die Wand beziehungsweise Decke eingeführt, später durch ein so genanntes Halseisen gesteckt und unten in einer Öffnung in der Schwelle, einer Holzschwelle oder einem Schwellenstein, später einer Metallpfanne, gelagert, ermöglichte dieser längere Stamm die Dreh- oder Schwenkbewegung der Tür.

In Romanik und Gotik gab es Langbänder (über 30 cm Länge), die die aneinander gestellten Bretter der Türen und Tore verbanden und durch abgespaltene Verästelung diagonaler Halt und Schmuck zugleich waren. Zum Ende der Gotik hin führte der Fortschritt der Technik – Feuerschweißung statt unendlicher Abspaltung, Gesenkschmieden – auch zu einer Wandlung des Geschmacks.

In der Renaissance änderte sich die Türkonstruktion, Rahmen, Füllungswerk, Schnitzereien und Intarsien traten auf. Die architektonischen Gliederungen, reichere Profilierungen und Säulenordnungen, wurden betont von edlen Hölzern und kleinkünstlerischen Metallarbeiten des Beschlagwerks. Gestalterisch und handwerklich lieferte der Orient Vorbilder, zum Beispiel für Gravur, Ätzung, Tauschierung, Niello und für die Färbung des Metalls, hier noch besonders des Eisens. Das Längsband wurde durch das Kurz- oder Schippenband (unter 30 cm Länge) für Türen abgelöst.

Ab dem 17. Jahrhundert wurde zunehmend häufig vergoldet oder in Messing beziehungsweise Bronze gearbeitet. Im Zuge der Weiterentwicklung der handwerklichen Technik »versteckte« man die Bänder in den Türen und arbeitete sie weitgehend in das Holz ein. Zum Befestigen der Beschläge als nicht bewegliche Verbindung dienten Steinschrauben, Schmiedenägel und Bankeisen. Eckwinkel und Scheinbänder halfen die Holzverbindung zu unterstützen. Die Bänder wurden am Futter oder am Gewände von Kloben gehalten, zum Beispiel Spitzkloben, Steinkloben, Stützkloben und Kloben, die auf einer Grundplatte vernietet oder verschraubt wurden. Ein Dorn oder ein Stift bildete den Drehpunkt für das Gewinde des Bands. Oft wurden die Dorne für eine Tür unterschiedlich lang gearbeitet, um das Einhängen zu erleichtern. Das hülsenartige Gewinde und der Bandlappen waren die zwei Teile des Bandes. Außer Zungen- (Langband) und Schippenband (Kurzband) wurden Winkelband, Kreuzband, Fischband (in Holz eingelassen, für große Türen und Fenster), Scharnierband (aufgesetzt, zum Beispiel bei Möbeln), heraustragendes Band, Paumelleband, Spenglersches Exaktband und Zapfenband verwendet.

Die Architekturformen einer Epoche bestimmten Gestalt und Ornamente des Beschlagwerkes. Heute finden wir mannigfaltige Vermischungen der historischen Grundformen, als Zierband dekorativ oder/und in technischer Perfektion.

Schlösser 3.2

Der älteste Türverschluss ist das Querholz als Riegelverschluss: durch den in Überkloben eingehängten oder eingeschobenen Riegel wird die Tür von innen gesichert. Eine kleine Öffnung in der Tür ermöglichte das Einführen eines Stabs, zunächst aus Holz, später aus Bronze, mit dem man in das Querholz eingriff und es von außen zur Seite schob – oder

»ruderte«: der Schlüssel und der Riegelverschluss waren entstanden (Lakonisches Schloss). Die Vorrichtung, die den vorgeschobenen Riegel festhält, bezeichnet man als Schloss.

Der große Türriegel erhielt einen Ansatz und einen beweglichen Überleger, der in einen auf die Tür genagelten Eisenhaken eingriff und dort durch einen kleinen Riegel, den Schlossriegel, fixiert wurde. Zum Bewegen des Schlossriegels diente ein hakenförmiges Eisen – der Schlüssel. Diese Verschlussart war jahrhundertelang gebräuchlich. Die äußere Form richtete sich nach der Konstruktion der Türen und nach der Gestaltung der Bänder.

Anfangs, in der Gotik, hatten die recht großen Schlösser einfache geometrische, Trapez- oder Beilformen. Später, in der Renaissance, wurden sie in Fischform und ab dem Barock in Kastenform gestaltet. Das Schlüsselschild der Gotik war fast wie ein dreieckiges Schutz- beziehungsweise Kampfschild ausgebildet, und in dieser Zeit ersann man auch den Schlüsselfänger, einen aufgesetzten Blattlappen, der den Schlüssel ins Schlüsselloch gleiten lässt.

Die Schlossbleche waren mittels Eisenschnitt und Ausmeißeln durchbrochen und überlappt gearbeitet, sie wurden geätzt, tauschiert, später figürlich getrieben, gebläut, vergoldet oder ganz aus Messing gearbeitet, wie im Rokoko.

Eine Verfeinerung der Schlösser und Beschläge durch kunstvolle Formen und Mechanismen, etwa Federn, Besatzungen, Riegelführungen und Fallenköpfe, trat in der Renaissance auf. Ab Anfang des 16. Jahrhunderts waren Drücker üblich. Durch Zuziehen am Türzuzieher oder Türring wurde das Schloss mittels Feder und ›schießender‹ Falle zugeschnappt. Der Schlüssel schnappte die Falle auf und öffnete so die Tür. Vergleicht man mit heutigen Schlössern, so stand die Größe der frühen Schlösser in keinem angemessenen Verhältnis zu ihrer Sicherheit.

Man bezeichnet Schlösser zum Beispiel nach
- der Verwendung: Schiebetürschloss, Klavierschloss
- dem Bau: Einsteckschloss
- den Hauptbestandteilen: Riegel- oder Fallenschloss
- der Drehungsart der Türen: rechts, links
- den Erfindern.

Riegelschloss

Schon frühgotische Schlösser haben einen schließenden Riegel; eine gespannte Feder schiebt den Riegel nach vorn. Bestandteile des Riegelschlosses sind Schlosskasten, Schließriegel, Zuhaltung und Schlüssel. Der Schlosskasten besteht aus dem Boden (starkes Blech), den seitlichen Einfassungen (vorne Stulp, Umschweif an den drei Seiten), die mit dem Boden vernietet sind, und dem Schlossdeckel, der auf den Schenkelfüßchen sitzt. Im Schlosskasten liegt der Riegel, der, vorn zum Riegelkopf verbreitert, in die Stulpöffnung greift. Der Riegelstift gibt die Führung und greift am hinteren Ende des Riegels in eine Nut. An der Unterseite des Riegels befindet sich ein Ausschnitt (Toureneingreifung) für den Schlüsselansatz. Durch das Drehen des Schlüssels schiebt sich der Riegel nach vorn oder hinten. 1724 wurde in Gera das Tourenschloss erfunden; es ist je nach Schlüsseldrehung ein- oder zweitourig. Die Zuhaltung mit Feder verhindert das Zurückgleiten des Riegels.

Das Riegelschloss wird als Kastenschloss auf das Holz aufgeschraubt, Schlüsselloch und Stulp werden eingelassen. Es kann auch als Einlass- oder Einsteckschloss ausgebildet sein. Schließhaken oder Schließkloben halten den Riegel fest, das Schlüsselloch wird vom Schlüsselschild aus Metall, Holz, Leder oder Bein überdeckt.

Riegelschlösser verwendet man heute an einfachen Türen für zum Beispiel Keller oder Dachboden, auch für Möbel.

Fallenschloss

Das Fallenschloss besteht aus Schlosskasten, Falle und Türdrücker. Die Falle ist schießend oder als einarmiger Hebel hebend. Drücker und Falle können aus einem Stück gearbeitet sein. Der abgeschrägte Fallenkopf lässt das Schloss schließen, wenn die Tür zugeschlagen wird. Eine Feder hält die Falle geschlossen, ein Drücker oder Steckschlüssel öffnet sie. Das Fallenschloss bietet wenig Sicherheit, es findet zum Beispiel an Windfangtüren Verwendung.

Nachtriegel

Nachtriegel bieten einseitigen Schutz, die Konstruktion ist ähnlich der eines Schubriegels. Eine aufgeschraubte Hülse führt den meist zylindrischen Riegel, zwei Überkloben auf einer Riegelplatte sorgen für den Halt. Die Riegelplatte wird aufgeschraubt, die Schubbewegung erfolgt horizontal. Man findet auch Kombinationen des Nachtriegels mit dem Riegelschloss oder dem Fallenschloss. Verwendet wird er zum Beispiel für Schlafzimmer- und Toilettentüren.

Für unterschiedliche Verwendungszwecke gibt es viele Variationen, hier seien einige Beispiele angeführt:

Einsteckschlösser mit Radriegel oder Fangriegel mit Pfeilhaken werden für Schiebetüren verwendet.

Für das Klavier- oder Steckschloss ist der Riegelkopf als prismenförmige Hülse ausgebildet. Zwei passend ausgeschnittene Scheiben, exzentrisch drehbar in der Hülse befestigt, greifen beim Schließen über das Schließblech am Hohlraum des Holzes. Zum Öffnen werden die Scheiben mit dem Schlüssel in die Hülse zurückgeschoben.

Bei Schlössern mit Jagdriegel ist der Riegelkopf seitlich abgekröpft. Der Schlüssel hebt den Riegel und lässt ihn ins Schließblech einhängen.

Vorhängeschloss

Das Vorhängeschloss ist ein freies, scheibenförmiges Schloss. das nicht am Holz befestigt wird. Ein beweglicher Bügel, mit dem das Schloss eingehängt wird, bildet den Verschluss. Schlossblech und Schlossdecke haben die gleiche Größe und sind ringsum durch den Umschweif verbunden. Für den Schlüssel und den einsteckbaren Bügel besitzt es Öffnungen. Ein schwenkbares »Vorhängerle« schützt das Schlüsselloch vor Schmutz und Feuchtigkeit.

Es gibt zwei historische Konstruktionsarten: mit geradem Riegel oder mit Radriegel als Hängeschloss. Neuere Formen sind das Buchstaben- oder Zahlenschloss und das Hänge-Stech-Schloss. Die frühe Dreiecksform des Vorhängeschlosses führte zur Bezeichnung »Katzenkopf«.

Riegelverschluss

Der Riegelverschluss beruht auf einem Schubriegel, der je nach Länge als Kurz- oder Langriegel vorrangig für Türen eingesetzt wird. Ein auf das Holz geschraubtes Blech hält zwei Überkloben als Riegelführung, Riegelnasen begrenzen die Bewegung. Oft ist der Riegel vorn gekröpft, wodurch sich die vordere Riegelnase erübrigt. Senkrechte Riegel erhalten eine Blattfeder zwischen Grundplatte und Riegel, damit dieser nicht zurückfällt. Ein Schließkloben, Schließblech oder eine Öffnung im Futter von Tür oder Fenster nimmt den Riegel auf. Kantenriegel sind auf der Türkante eingelassen, bei geschlossener Tür von außen und von innen nicht sichtbar und nicht zu öffnen.

Vorreiber und Ruder

Vorreiber und Ruder sind ein- oder zweiarmige Hebel zum Verschließen von Fenstern und kleineren Türen. Der einfachste Fensterverschluss ist der einfache Vorreiber, mit einer starken Holzschraube auf dem Fensterrahmen befestigt. Eine Abstandshülse gleicht den Vorsprung des Fensterflügels aus. Ein Streicheisen mit Nase am Fensterflügel fixiert die Lage des Vorreibers und verhindert die Beschädigung des Holzes. Der doppelte Vorreiber schließt zwei Flügel eines Fensters. Anstelle des Vorreibers wird bei größeren Fensterhöhen der Ruderverschluss verwendet, auf einem Flügel drehbar befestigt und im Schließkloben eingehängt.

Baskülenverschluss

Der Baskülenverschluss ist ein doppelter Riegelverschluss. Bewegt sich der eine Riegel in eine Richtung, tut der andere das gleiche in die entgegengesetzte Richtung. Ein Drücker, eine Olive oder ein Ruder löst die Bewegung aus. Die Kraftübertragung erfolgt durch ein Zahnrad oder eine drehbare Scheibe. Bei Anwendung einer Scheibe müssen die Stangenriegel ein bewegliches Gelenk erhalten, damit die Bewegung parallel verläuft. An Fenstern und Türen sind diese Verschlüsse vor allem in Frankreich zu finden. Sie sind sichtbar aufgesetzt und die Triebstange hat einen halbkreisförmigen Querschnitt. Als seitlicher Verschluss für Fenster dient eine Nase an der Riegelstange, die sich mit dieser hebt beziehungsweise senkt und in einem Schließkloben abruht.

Schwengelverschluss

Die Anwendung dieses Verschlusstyps entspricht der des Baskülenverschlusses (siehe oben). Es gibt ihn nur in Form einer Stange mit Zahnstangenansatz, wobei ein kleines Zahnrad mit einarmigem Hebel eingreift. Dreht man den Hebel (Schwengel) nach unten, hebt sich die Stange und umgekehrt. Die Triebstange ist auch hier halbkreisförmig ausgebildet und am oberen Teil des Fensters gegabelt.

Espagnolettenverschluss

Eine Triebstange aus Rundeisen dreht sich um die eigene Achse und wird durch Überkloben gehalten. An den beiden Enden sitzen seitliche Widerhaken, die in Schließkloben eingreifen. Ein Ruder dreht und verschließt durch zwei Hebelbewegungen, zum Öffnen zum Beispiel wird der Hebel (das Ruder) gehoben und dann entgegengedreht. Dieser Verschluss wird an Fenstern und Türen eingesetzt.

Barronsches Schloss

Als erstes Mehrzuhalteschloss mit zwei Zuhaltungen baut es auf dem Tourenschloss auf. Das Patent erlangte der Engländer Joseph Barron 1778.

Bramah-Schloss
Der Schließzylinder des nach seinem Erfinder, dem Engländer Bramah (1784), benannten Schlosses liegt konzentrisch drehbar in einem abgetreppten Umhüllungskörper aus Stahl, Stahlguss oder Messing (ohne Schlüsselbart).

Chubb-Schloss
Beim Chubb-Schloss, 1818 von dem Engländer Jeremia Chubb erfunden, bilden übereinander gelegte Messingplatten mehrere Zuhaltungen, die mit schmalen Stahlfedern angedrückt werden. Die verschiedenen Löcher dieser Platten (Fenster) sind um einen Zapfen am Riegel verschiebbar. Der Schlüsselbart ist abgetreppt, um mit jeder Stufe eine andere Zuhaltungsplatte angreifen zu können. Die Angriffschweifungen der unteren Seite der Zuhaltungen müssen so gefeilt sein, dass sich alle Zuhaltungen gleich heben, um so den Riegel gemeinsam freigeben zu können. Je mehr Zuhaltungen es hat, desto sicherer das Schloss.

Stechschloss oder Yale-Schloss
Bei diesem ersten Zylinderschloss, entwickelt in der Mitte des 19. Jahrhunderts von dem Amerikaner Linus Yale, ist das Schlüsselloch schlitzartig gebildet, der Schlüssel hat die Form eines ausgeschnittenen Metallstreifens.

Da der Schaft oder das Rohr des Schlüssels entfällt, vergrößert sich der Raum für den Bart. Der Schlüssel bewegt den Schließzylinder, an dem ein Zapfen in die Riegelangriffe eingreift.

Kromersches Protektor-Schloss
Das Schloss von Theodor Kromer, 1871, war für Tresore in Gebrauch, es hat einen Doppelbart und gewährleistet hohe Funktionstüchtigkeit und Sperrsicherheit.

Zeiss-Profilzylinder
Der Zylindermantel des Profilzylinders der Zeiss-Ikon AG, 1922, umschließt den Schließzylinder und die Stiftzuhaltungen. Die äußere Form erlaubt ein Einführen in jedes Schlüsselloch der Einsteckschlösser.

BKS-Zylinder
Zweiteiliges Zylinderschloss von Bogen & Kasten, Solingen, um 1925, bei dem die Sperrstifte im Zylinderkern nach unten gedrückt werden (bei

Zeiss, Seite 68 = nach oben); es bildet die Basis der meisten heute verwendeten Verschlüsse.

Schlüssel 3.3

Die Hohlschlüssel und Eisenhaken früher Schlösser wurden schon erwähnt, auch ist bekannt, dass die Römer nicht nur Bronze-, sondern auch Eisenschlüssel einsetzten. Schlüsselgriffe der Romanik, Gotik und Renaissance waren aus einem Stück gearbeitet. Der Bart hatte einen Kreuzeinschnitt, genannt die Besatzung, und entsprach der Konstruktion des Schlosses. Wurde die Sicherheit des Schlosses erhöht, so änderten sich mit dieser Entwicklung auch die Formen der Einschnitte des Barts.

Ab dem 15. Jahrhundert spricht man von den einzelnen Teilen des Schlüssels als Reide (Griff), Gesenk (Anschlag am Schlüsselschild), Bart und Halm oder Rohr. Das Rohr als Verbindung zwischen Bart und Gesenk wurde aus Blech gewickelt und mit Schlaglot (Messingspäne und Borax) verlötet. Im Schloss sitzt ein Dorn, der das Rohr aufnimmt und ihm Führung zum Finden des Reifchens gibt. Die Länge des Rohrs richtet sich nach der Tiefe des Schlosses. Die Höhe des Barts und die Entfernung zwischen Rohr und Schließriegel bestimmen die Schließlänge. Die Führung des Schlüssels in das Schloss selbst ermöglicht eine offene Hülse, die auf der Schlossdecke sitzt.

Ab dem 16. Jahrhundert war auch die Schlüsselgestaltung, besonders des Griffs, von höchster technischer Vollendung. Die Technik des Eisenschnitts ermöglichte bildhauerische Lösungen. Die in der Gotik noch geschmiedeten Schlüsselgriffe wurden ab der Renaissance in Eisenschnitt gearbeitet, im Rokoko in Bronze gegossen und angelötet. Am Ende des 17. Jahrhunderts ersetzt der volle Schlüssel den Hohlrohrschlüssel. Im Laufe der Zeit, über Historismus zum Jugendstil und bis zum Bauhaus, waren die manufakturmäßig und industriell gefertigten Schlösser zunehmend auch für die Formen der Schlüssel ausschlaggebend. Die heute verwendeten Schlossarten bestimmen die Form und die Größe der Schlüssel; die Elektronik erlaubt mittlerweile codierte Schlösser und Schlüsselkarten, deren eingescannte Daten das Schloss öffnen.

4 Das Denkmal als Teil unserer Kultur

Als Zeugnisse der Entwicklungsgeschichte eines Kulturkreises vermitteln Denkmäler und ihre Details eine Botschaft der Vergangenheit. Diese Zeugnisse zu bewahren, zu erhalten und kommenden Generationen weiterzureichen, sollte Verpflichtung und Bedürfnis einer jeden Gesellschaft und ihrer Mitglieder sein.

Der kulturelle Wert ergibt sich aus dem Aussagewert eines Denkmals für den jeweiligen handwerklich-technischen Entwicklungsstand. Aus dem Seltenheitswert der Einzelanfertigung resultiert ein gesellschaftlicher und auch ideeller Wert, der sich wiederum als materieller Wert darstellt. Begreifen und Nachvollziehen der alten technischen Vorgehensweise helfen, diesen Wert zu verstehen, und lehren, wie man heutigen Anforderungen gerecht werden kann. So sind historische Arbeiten nicht nur für entwicklungsgeschichtliche Forschung beziehungsweise für Hausforschung unersetzbar, sondern auch als Grundlage für das Erlernen alter Techniken und Arbeitsweisen, die einem Handwerker oder Restaurator Anregung und Basis für die Gestaltung neuer Materialien sein sollten.

4.1 Der Denkmalbegriff

Denkmäler enthalten vielfältige, aus anderen Geschichtsquellen nicht zu erschließende Informationen über ihre Entstehungszeit, aber auch über alle späteren Epochen, die sich die Denkmäler mit mehr oder weniger Veränderungen angeeignet haben. Das Denkmal als Zeugnis der Geschichte ist nur reales Zeugnis, wenn sich im Wesentlichen der originale materielle Bestand erhalten hat. Nur dann ist eine Erhaltung für die Öffentlichkeit von Interesse. Da Vergänglichkeit auch dem Denkmal vorgegeben ist, sollte die Erhaltung einer Wiedererstellung vorgezogen werden. Es gibt verschiedene Arten von Kulturdenkmälern:
- unbewegliche Baudenkmäler, zum Beispiel Gebäude
- deren Ausstattung und Zubehör, zum Beispiel Fußböden, Treppen und anderes mehr
- bewegliche Denkmäler, zum Beispiel Gemälde, Skulpturen, Möbel
- Gesamtanlagen beziehungsweise Ensembles, zum Beispiel Stadtteile, Dörfer, Schlösser.

Die Bewertungskriterien 4.2

Denkmäler werden nach künstlerischen, wissenschaftlichen, technischen, geschichtlichen und städtebaulichen Gesichtspunkten bewertet.

Künstlerische Gesichtspunkte
Künstlerische Qualität
Entwicklungsgeschichtliche Bedeutung
Stellung im Werk eines bedeutenden Künstlers
Seltenheitswert als Vertreter eines Stils
Qualität oder Vielfalt der Fassadengliederung und Bauornamentik
Qualität oder Vielfalt der Innenausstattung

Wissenschaftliche Gesichtspunkte
Bedeutung für die Kunstwissenschaft
Bedeutung für die Erdgeschichte (Naturwissenschaft)
Bedeutung für die Vor- und Frühgeschichte
Bedeutung für die Hausforschung

Technische Gesichtspunkte
Wichtiges Zeugnis für die Entwicklung der Technik
Qualität der Konstruktion oder Herstellungsart
Handwerkliche oder technische Qualität der Ausführung
Unveränderte Erhaltung des Originalzustands in Form und Farbe
Besonders guter bauphysikalischer Erhaltungszustand

Geschichtliche Gesichtspunkte
Siedlungsgeschichtliche Bedeutung
Religionsgeschichtliche Bedeutung
Wichtiges Zeugnis einer Geschichtsepoche
Stätte eines wichtigen politischen Ereignisses
Geburts-, Wirkungs- oder Todesstätte einer bekannten Persönlichkeit
Bedeutung für die Rechtsgeschichte
Bedeutung für die Sozialgeschichte
Bedeutung für die Territorial- und Kriegsgeschichte
Bedeutung für die Geschichte von Wirtschaft und Verkehr
Bedeutung für die Geschichte der Gartenbaukunst und Jagd
Bedeutung für Volkskunde und Heimatgeschichte
Volkstümlicher Erinnerungswert

Städtebauliche Gesichtspunkte
Bedeutung eines exponierten Einzelbauwerkes für ein Ortsbild oder eine Landschaft
Symbolwert, stellvertretend für den Gesamtort
Wichtiger raumbildender oder milieuprägender Bestandteil eines Straßenzugs, Platzes oder Ortsbilds
Maßstabbildende Funktion in der unmittelbaren Sichtbeziehung zu einem bedeutenden Baudenkmal
Wesentlicher baulicher Rest einer historischen Städtebaukonzeption

4.3 Ergänzungs- und Austauschmaterialien, Charta von Venedig

Die internationale Charta von Venedig zur Konservierung und Restaurierung von Denkmälern und Ensembles, 1964, fordert in Artikel 4 die ständige Pflege von Denkmälern. Über Verfahrensweisen geben Artikel 9 bis 13 Auskunft

»*Artikel 9*
Die Restaurierung ist eine Maßnahme, die Ausnahmecharakter behalten sollte. Ihr Ziel ist es, die ästhetischen und historischen Werte des Denkmals zu bewahren und zu erschließen. Sie gründet sich auf die Respektierung des überlieferten Bestandes und auf authentische Dokumente. Sie findet dort ihre Grenze, wo die Hypothese beginnt. Wenn es aus ästhetischen oder technischen Gründen notwendig ist, etwas wiederherzustellen, von dem man nicht weiß, wie es ausgesehen hat, wird sich das ergänzende Werk von der bestehenden Komposition abheben und den Stempel unserer Zeit tragen. Zu einer Restaurierung gehören vorbereitende und begleitende archäologische, kunst- und geschichtswissenschaftliche Untersuchungen.
Artikel 10
Wenn sich die traditionellen Techniken als unzureichend erweisen, können zur Sicherung eines Denkmals alle modernen Konservierungs- und Konstruktionstechniken herangezogen werden, deren Wirksamkeit wissenschaftlich nachgewiesen und durch praktische Erfahrung erprobt ist.
Artikel 11
Die Beiträge aller Epochen zu einem Denkmal müssen respektiert werden. Stileinheit ist kein Restaurierungsziel. Wenn ein Werk verschiedene, sich überlagernde Zustände aufweist, ist eine Aufdeckung verdeckter Zustände nur dann gerechtfertigt, wenn das zu Entfernende von gerin-

ger Bedeutung ist, wenn der aufzudeckende Bestand von hervorragendem historischen, wissenschaftlichen oder ästhetischen Wert ist und wenn sein Erhaltungszustand die Maßnahme rechtfertigt. Das Urteil über den Wert der zur Diskussion stehenden Zustände und die Entscheidung darüber, was beseitigt werden darf, dürfen nicht allein von dem für das Projekt Verantwortlichen abhängen.
Artikel 12
Die Elemente, welche fehlende Teile ersetzen sollen, müssen sich dem Ganzen harmonisch einfügen und vom Originalbestand unterscheidbar sein, damit die Restaurierung den Wert des Denkmals als Kunst- und Geschichtsdokument nicht verfälscht.
Artikel 13
Hinzufügungen können nur geduldet werden, soweit sie alle interessanten Teile des Denkmals, seinen überlieferten Rahmen, die Ausgewogenheit seiner Komposition und sein Verhältnis zur Umgebung respektieren.«

Im Hinblick auf die chemisch-physikalische Verträglichkeit mit den umgebenden Materialien und unter Beachtung von statischen Gesetzmäßigkeiten können zum Beispiel zerstörte Teile von Schmiedeeisen durch Edelstahl Rostfrei, Titan oder COR-TEN ersetzt werden, wenn die Gesamtsubstanz dabei wirkungsvoller geschont wird. Normalerweise sollte man aber auf das bestehende Material in der jeweiligen Verarbeitungstechnik zurückgreifen, um den Wert des Denkmals als Kunst- und Geschichtsdokument nicht zu verfälschen. Vorausgehende Untersuchungen und denkmalpflegerische Konzepte begründen die Vorgehensweise und sichern sie ab.

Reparatur, Austausch beziehungsweise Ersatz sind immer Eingriffe in den Alterungsprozess eines Baudenkmals, der als solcher grundsätzlich anerkannt werden soll. Daher werden Schwachstellen und Schäden punktuell verbessert, der Prozess muss ablesbar bleiben an Erscheinungsbild, Material und bautechnischem Gefüge. Zur Rettung eines Denkmals kann man auch eine Kopie ins Auge fassen.

Anforderungen an den Metallbearbeiter 4.4

Wie schon erwähnt, sollte der ausführende Handwerker neben seiner praktischen Ausbildung über Erfahrung im Umgang mit historischen Arbeitstechniken verfügen und fundierte Kenntnisse von den Stilepochen und von deren gesellschaftlicher Bedeutung haben. Auch muss er mit Proportionen und plastischer Gestaltung einfühlsam umgehen können. Dies erfordert zeitaufwendige Aus- und Weiterbildung und beharrliches Selbststudium. In der Gegenwart lässt die Ausbildung im Handwerk noch viele Fragen offen. Die Entwicklung sollte nicht einzig und allein in Richtung PC und Montagebetrieb gehen, was einer Entfremdung vom Material und vom Arbeitsprozess gleichkäme.

Der Ausführende einer Sanierungsmaßnahme an einem Denkmal muss zuerst eine umfassende Untersuchung, aus der sich ein Maßnahmenkatalog entwickelt, durchführen. Dieser Maßnahmenkatalog zeigt konkrete alternative Sanierungs- beziehungsweise Instandsetzungsvorschläge auf, die wiederum mit allen Beteiligten wie dem Eigentümer, der Denkmalschutz- beziehungsweise Fachbehörde abgestimmt werden. Eigentümer und Unterhaltungspflichtige von Kulturdenkmälern stehen in der Erhaltungspflicht, Land und Gemeinden können sie mit Zuschüssen unterstützen. Ist die ursprüngliche Zweckbestimmung nicht mehr gegeben, kann einer Umnutzung bei weitgehender Erhaltung der Substanz stattgegeben werden.

4.5   Dokumentation

Artikel 16 der Charta von Venedig formuliert die Notwendigkeit der Erstellung einer Dokumentation:
»Alle Arbeiten der Konservierung, Restaurierung und archäologischen Ausgrabungen müssen immer von der Erstellung einer genauen Dokumentation in Form analytischer und kritischer Berichte, Zeichnungen und Photographien begleitet sein. Alle Arbeitsphasen sind hier zu verzeichnen: Freilegung, Bestandssicherung, Wiederherstellung und Integration sowie alle im Zuge der Arbeiten festgestellten technischen und formalen Elemente. Diese Dokumentation ist im Archiv einer öffentlichen Institution zu hinterlegen und der Wissenschaft zugänglich zu machen. Eine Veröffentlichung wird empfohlen.«

Eine Hilfe zur Erstellung einer Dokumentation ist das Schema, das im europäischen Ausbildungszentrum für Handwerker im Denkmalschutz in San Servolo/Venedig 1986 erarbeitet wurde:

Dokumentationsschema

1. Allgemeines
1.1 Projektnummer
1.2 Detailnummer
1.3 Datum
1.4 Autor der Dokumentation
1.5 Objektbezeichnung
1.6 Lage des Objektes
1.7 Stadt, Strasse, Nr. usw.
1.8 Eigentümer
1.9 Auftraggeber
1.10 Himmelsrichtung
1.11 Zusammensetzung der Dokumentation

- ○ Schriftliche Unterlagen
- ○ Fotos
- ○ Laboranalysen
- ○ Muster/Proben
- ○ Zeichnungen
- ○ Diapositive
- ○ Abgüsse
- ○ andere

2 Beschreibung
2.1 Stil
2.2 Entstehungsdatum (sicher oder vermutet)
2.3 Schöpfer des Objekts (sicher oder vermutet)
2.4 Herkunft (sicher oder vermutet)
2.5 Klimatische Situation
2.6 Zweckbestimmung
2.7 Materialien (Typ, Herkunft, Qualität)
2.8 Zusammensetzung der Materialien
2.9 Laboranalysen
2.10 Oberflächen
2.11 Oberflächenbehandlung
2.12 Inschriften und Markierungen
2.13 Trag- und Befestigungssysteme
2.14 Bauzusammenhang
2.15 Weiteres

3 Erhaltungszustand
3.1 Zustand der Materialien
3.2 Verfallsart (Tiefenverfall, Oberflächenverfall usw.)
3.3 Verfallsursachen

3.4 Laboranalysen zu Verfallsursachen
3.5 Vorherige Eingriffe
3.6 Fehlende Teile
3.7 Ergänzungen in gleichem Material
3.8 Ergänzungen in fremdem Material
3.9 Weiteres
3.10 Risiken im Fall des Nichthandelns

4 Erhaltungsvorschlag
4.1 Sofortmaßnahmen
4.2 Notwendiger Standortwechsel
4.3 Beschreibung der zu bearbeitenden Objekte
4.4 Vorgesehene Demontage- und Montageverfahren
4.5 Vorgesehene Eingriffe in den Bauzusammenhang
4.6 Reinigung
4.7 Festigung
4.8 Oberflächenschutz
4.9 Ergänzungen
4.10 Austausch
4.11 Begründung der Methodenwahl mit Fall- und Materialbeispielen (Vor- und Nachteile)
4.12 Zukünftiger Unterhalt
4.13 Weiteres

5 Ausführung
5.1 Phasen und Methoden
5.2 Abweichungen vom Programm mit Begründung
5.3 Demontage
5.4 Reinigung
5.5 Festigung
5.6 Oberflächenschutz
5.7 Ergänzungen
5.8 Austausch
5.9 Montage
5.10 Weiteres
5.11 Zusammenfassung

6 Aufbewahrungsorte der Gesamtdokumentation
a......... b.......... c.............

Die Metalle 5

Um eine Vorstellung von den Metallen zu vermitteln, sie besser begreifbar zu machen, wird im folgenden näher auf den Charakter, die Eigenschaften und die Verwendungsmöglichkeiten der einzelnen Arten eingegangen.

Eisen und Stahl 5.1

Das Material, das in der Vergangenheit Schmiedeeisen (Fe, spezifisches Gewicht 7,84 g/cm^2) genannt wurde, bezeichnen wir heute als Baustahl. Es handelt sich um nicht härtbaren Stahl mit einem Kohlenstoffgehalt von unter 0,5 Prozent. Als Material für Kunstschmiedearbeiten wird es von Walzwerken in Stangen oder Bunden, als Rund-, Vierkant-, Stab- oder Flachstahl und als Blech geliefert. Es ist nicht gießbar, biegsam und wenig elastisch.

Härtbarer Stahl mit einem Kohlenstoffgehalt von 0,5 bis 1,5 Prozent ist mit zum Beispiel Mangan, Chrom, Silizium oder Wolfram legierter Stahl, geeignet für den Werkzeugbau. Härtbarer Stahl ist schmiedbar, gießbar, elastisch, dehn- und zugfest.

Stahl ist am besten in erhitztem Zustand bei ca. 800 °C (Austenit) schmiedbar, feuerschweißbar bei ca. 1 100 °C, er schmilzt bei ca. 1 400 °C. Die jeweilige Temperatur erkennt man an der Glutfarbe des erwärmten Stahls:

475–550 °C	im Dunkeln Rot
550–650 °C	Dunkelrot
650–750 °C	Dunkelkirschrot
750–850 °C	Kirschrot
850–925 °C	Hellkirschrot
925–1 000 °C	Orange
1 000–1 100 °C	Gelb
1 100–1 250 °C	Gelbweiß
1 250–1 400 °C	Weißglühend
1 400–1 600 °C	Schweißhitze

Die Anlass- beziehungsweise Anlauffarben auf einer glatten, bestenfalls polierten Oberfläche helfen, den Härtegrad zu erkennen, sie können aber auch farbiger Schmuck sein. Man erwärmt den Stahl bis zur jeweiligen Anlauffarbe und stoppt die Erwärmung durch Abschrecken zum Beispiel in kaltem Wasser.

Hellgelb	220 °C	Violett	290 °C
Dunkelgelb	240 °C	Kornblumenblau	300 °C
Gelbbraun	250 °C	Hellblau	310 °C
Braunrot	260 °C	Graublau	320 °C
Purpurrot	270 °C	Grau	330 °C

Skala für Härtungen des Stahls (Anlauffarben). Hellgelb entspricht der größten, Grau der geringsten Härte.

Durch Glühen (offenes Metallgefüge = weich) oder Härten (geschlossenes Metallgefüge = hart) verändern sich die Eigenschaften wie Zähigkeit, Härte, Elastizität und Festigkeit. Beim Treiben, Aufziehen oder Tiefen in kaltem Zustand muss man Zwischenglühen, um die durch die Hammerschläge verfestigte Metallgefügestruktur wieder weich und elastisch zu gestalten. Stahl ist nicht beständig gegen Säuren. Sein Einsatzgebiet ist schier unendlich.

5.1.1 Werkstoffprüfung

Manuell ist es möglich, die Stahlart mit einer Funkenprobe (mäßiger Druck gegen eine rotierende Schleifscheibe) zu erkennen. Baustahl ergibt strohgelbe Linien mit Tropfen, Werkzeugstahl hellgelbe Funken mit Sternchen und Gusseisen spärliche rote Strahlen mit einzelnen Sternchen; Titan zum Vergleich ergibt blauweiße Sternchen mit Strahlen. Auch am helleren Klang beim Anschlagen mit dem Hammer ist Werkzeugstahl im Vergleich zu Baustahl zu erkennen.

5.1.2 Gusseisen

Vor allem im Historismus wurden in großen Mengen Architekturformen in Gusseisen nachgeahmt. Säulen mit Kapitellen, Gitter, Balustraden, Treppen, Grabkreuze, Skulpturen, Geräte bis hin zum Schmuck wurden gegossen. Mit der Parole »Gold gab ich für Eisen« wurden der Bevölkerung im Tausch gegen Eisen Edelmetalle abgefordert, um Kriegskassen zu füllen. Von der Gotik bis zum Historismus, ja bis zum Jugendstil wurden Ofenplatten und ganze Öfen gegossen.

Der Kohlenstoffgehalt von Gusseisen beträgt etwa 2,3 bis 5 Prozent. Es kann nur kalt und spanend bearbeitet werden. Bei falscher Beanspruchung, etwa durch Schlag, neigt das Material zum Zerbrechen. Je nach Gussart ist es schweißbar.

In Kombination mit Schmiedeeisen wurde Gusseisen in der Vergangenheit häufig verwendet. Gitter mit gegossene Rosetten, Spitzen oder Blattwerk finden sich zum Beispiel oft an Vorgartenzäunen des Historismus.

5.1.3 COR-TEN (A und B)

COR-TEN ist ein legierter, wetterfester Feinkornbaustahl. Aufgrund der chemischen Zusammensetzung bildet sich im Gegensatz zu nicht legierten Stählen auf seiner Oberfläche eine witterungsabhängige Deckschicht, die korrosionshemmend wirkt und sich ständig erneuert. Dies geschieht in Abhängigkeit vom Klima, von der Ausrichtung der Bauteile, zum Beispiel zur Wetterseite, und von der Schadstoffbelastung. COR-TEN wird zum Beispiel im Stahlhoch- beziehungsweise Brückenbau oder im Behälterbau eingesetzt, eignet sich aber auch zum Einsatz in der Rekonstruktion und Denkmalpflege. Die Bearbeitung erfolgt im Wesentlichen wie die des Baustahls. Im Aussehen unterscheidet sich COR-TEN-Stahl kaum von normalem Baustahl.

Da COR-TEN-Stahl unbeschichtet eingesetzt wird, zeichnet er sich durch Wirtschaftlichkeit und Umweltfreundlichkeit aus. Er darf keiner Dauerfeuchtigkeit (= 60 Prozent Feuchtigkeit ohne Trocknungsphasen) ausgesetzt werden, sonst rostet er wie anderer Baustahl auch. Unter normalen Bedingungen rostet COR-TEN in gewissem Umfang gleichmäßig weiter, deshalb sind Dünnblechkonstruktionen unter fünf Millimeter Blechdicke ungeeignet, da dieser Vorgang zu Abrostung führt. Starker Einfluss von Meeresluft bis mindestens 50 Meter Entfernung von der Küste, aggressive Industrieatmosphäre, Streusalzwasser und Kondenswasser sind weitestgehend auszuklammern, und Rostwasser beziehungsweise Rostpartikel von COR-TEN müssen von auf sie ansprechenden Materialien der Umgebung abgehalten werden.

5.2 Nichteisenmetalle – Schwermetalle

Im Folgenden werden die in unserem Zusammenhang am häufigsten vorkommenden Schwermetalle behandelt.

5.2.1 Kupfer (Cu, spezifisches Gewicht 8,1 bis 8,9 g/cm^2)

Kupfer kommt in der Natur in gediegenem Zustand vor, doch wird es heute meist aus Kupfererzen gewonnen. Fundstätten liegen zum Beispiel in Nordamerika, Sibirien, Chile und in Deutschland (Mannsfelder Mulde). Kupfer wird in Drähten, Blechen, Stäben und Rohren geliefert.

Zu seinen Eigenschaften gehören die »kupferrote« Farbe und die Dehnbarkeit. Kupfer ist weich und geschmeidig und lässt sich kalt gut spanlos verformen. Es besitzt eine gute Leitfähigkeit für Elektrizität und Wärme. Zum Gießen eignet es sich nicht, da es dick fließt und porös und blasig wird. Es lässt sich aber mit anderen Metallen legieren und dient als Lot für Eisen. Auch als Trägermetall für Email wird es genutzt. Durch Hämmern und Walzen wird Kupfer hart und spröde, man kann es aber wieder weich glühen. Kupfer lässt sich polieren, läuft aber schnell an. Erhitzen oder Glühen ergibt eine schwarze Oxidschicht. Der Schmelzpunkt liegt bei 1 050 bis 1 080 °C. Säuren greifen Kupfer leicht an, wodurch teils giftige Verbindungen entstehen.

Das Kupfer zeichnet sich durch gute Korrosionsbeständigkeit aus, woraus sich auch das Verhalten der Kupferlegierungen ableitet. Es überzieht sich zuerst mit einer dunkelbraunen bis schwarzen Schutzschicht (Kupferkarbonat), die meist in die grüne »Patina«-Farbe übergeht. Kupfersalze sind giftig, deshalb sollte Kupfergeschirr verzinnt sein.

Die wichtigsten Legierungen des Kupfers sind:

mit Zink	Tombak, Messing
mit Zinn	Bronze, zum Beispiel für Glocken
mit Zinn und Zink	Bildhauerbronze, Bronze für Maschinenlager
mit Zink und Nickel	Neusilber
mit Zink und Eisen	Schmiedebronze (spez. Gewicht 7,8 bis 8,5 g/cm^2, schmiedbar bei Dunkelrot)
mit Aluminium	Aluminiumbronze, (spez. Gewicht 8,4 bis 7,6 g/cm^2, schmiedbar bei Kirschrot)

Leider sind Unmengen kupferner Geräte und Gebrauchsgegenstände durch die »Altmaterial«-Sammlungen in den Weltkriegen verloren gegangen. Heute wird es zum Beispiel im Kunsthandwerk, für Dachdeckungen, Dachrinnen, Dachaufsätze, Wetterfahnen, im Heizungsbau und in der Elektrotechnik/Elektronik verwendet.

Messing (spezifisches Gewicht 8,4 bis 8,7 g/cm²)   5.2.1.1

Messing ist eine Legierung aus 60 bis 75 Prozent Kupfer und 25 bis 40 Prozent Zink. Seine charakteristische Farbe ist hell- bis goldgelb, es lässt sich in der Glühhitze schmieden und gießen, ist aber brüchig. Lieferbar ist Messing in Stangen, Rohren, Profilen und Blechen. Es ist polierbar und lässt sich gut gravieren. Da es, wie Kupfer, oxidiert, das heißt anläuft, wird es oft farblos lackiert oder gewachst.

Metallüberzüge durch zum Beispiel Versilbern, Vergolden, Verchromen oder Verzinnen des Messings sind nicht nur möglich, sondern erforderlich, wenn ein Objekt in Kontakt mir Lebensmitteln kommen wird. Alle Kupferlegierungen entwickeln in chemischer Verbindung mit Sauerstoff, Wasser und Lebensmitteln giftige Oxide. In der Renaissance und im Barock verzinnte und versilberte man daher das Gerät, später wurde es vernickelt und verchromt, zum Beispiel im Jugendstil und zur Zeit des Bauhauses; aber auch ältere feinmechanische Apparate erhielten diesen Überzug.

Tombak (tambaga = malaiisch: Kupfer)   5.2.1.2

Tombak hat einen größeren Kupfergehalt als Messing, daher ist es etwas rötlicher. Man gebrauchte es zur Imitation von Gold oder als Trägermetall für Goldauflagen. Gebrauchsgegenstände werden kalt verformt, durch Drücken oder Pressen hergestellt.

Neusilber   5.2.1.3

Neusilber wird die Legierung aus Kupfer, Zink und Nickel genannt. Sie hat eine gelblichweiße Farbe und muss für den Gebrauch im Haushalt einen Metallüberzug, zum Beispiel von Silber, erhalten, da Neusilber stark anläuft und sich chemisch ähnlich wie Messing verhält. Es ist kalt verformbar und auch polierbar. Vor etwa zweihundert Jahren war es in China als Pakfong bekannt. Gebrauchsgegenstände wie Leuchter, Bestecke und Beschläge wurden vor allem im Art déco und am Bauhaus aus Neusilber hergestellt.

Bronze/Bronzeguss   5.2.1.4

Bronzen sind Legierungen aus Kupfer und Zinn beziehungsweise aus Kupfer, Zinn und Zink. Der Gehalt an Kupfer muss mehr als 78 Prozent ausmachen. Schon lange als edles Gussmetall für Werkzeuge, Waffen, Glocken, Schmuck und Skulpturen verwendet, setzt man Bronze heute auch im Maschinen- und Fahrzeugbau ein (Lagermetall). Bronze kann hervorragend gestaltet werden durch Gießen und nachträgliches Ziselieren und Polieren. Die gelbe Farbe wird durch natürliche, aber auch künstliche Patina untermalt.

Bronzeguss unterscheidet man in Voll- oder Hohlguss, hergestellt im Sandguss- oder Wachsausschmelzverfahren.

5.2.2 **Blei (Pb, spezifisches Gewicht 11,25 bis 11,35 g/cm^2)**

Aus Bleierzen gewonnen, hat Blei eine leicht graue Farbe mit starkem Metallglanz. Hauptfundorte liegen in Russland, Australien, in den USA, in Mexiko, Peru, Marokko, Kanada, England, Spanien und in Deutschland (Harz). Geliefert wird Blei in Form von gerolltem Blech. Es ist so weich, dass man es mit einem Messer schneiden oder mit dem Fingernagel ritzen kann. Es oxidiert rasch, deshalb werden Schnittstellen schnell matt und stumpfgrau. Salz- und Schwefelsäure wirken sehr langsam ein, allerdings kann Schwefelsäure das Blei auflösen. Sein Schmelzpunkt liegt bei 335 °C, und es lässt sich gut gießen. Kommt es mit destilliertem Wasser in Kontakt, so bildet sich Bleioxidhydrat, das gesundheitsschädlich ist. Daher sind Bleirohre für Wasser ungeeignet, obwohl sich Karbonate, Chloride und Sulfate des Quellwassers in Verbindung mit Blei als schwer lösliche Salze an der Innenwand absetzen und förmlich isolieren.

Blei wird als Unterlage zum Treiben von zum Beispiel Kupfer, als Modellmaterial für zu schmiedende Blätter und zum Befestigen (Einbleien) von Gittern und Geländern verwendet. Auch als Legierung zum Lötzinn kommt es zum Einsatz. Hingewiesen sei auch auf die wunderschönen und relativ leicht zu formenden Dachdeckungen von Klöstern und Kirchen oder auf die Senkbleie zum Tauchen und Angeln (»schwer wie Blei«).

5.2.3 **Zinn (Sn, spezifisches Gewicht 7,3 g/cm^2)**

Zinn, ein Gussmetall, wird aus Erzen gewonnen. Hauptfundorte liegen in England, Mexiko, Malaysia, Ostindien, Deutschland (Erzgebirge), Österreich, China, Russland, Indonesien, Thailand, im Kongo und in Nigeria. Produkte aus Zinn waren und sind auch heute noch Orgelpfeifen, Lote, Särge, Geschirr und Trinkgefäße sowie kirchliches Gerät. Verwendung findet es in unserer Zeit auch in der Elektrotechnik/Elektronik und bei der Herstellung von Konservendosen, Folien und Tuben.

Zinn ist ein Metall von silberweißer Farbe, ausgeprägtem Glanz und großer Weichheit beziehungsweise Dehnbarkeit. Beim Biegen entsteht ein knirschendes Geräusch, das so genannte Kreischen des Zinns. Enthalten Lotstäbe mehr als 50 Prozent Blei ,bleibt dieses Geräusch aus. Es lässt sich gut polieren, es ist beständig unter der Einwirkung von Sauerstoff und Wasser, auch beständig gegen verdünnte Säuren. Aus diesem Grund überzog man schon im Mittelalter andere Metalle, zum Beispiel Eisen und Kupfer, mit Zinn. Der Schmelzpunkt des Zinns liegt bei 230 °C. Bei zu starker Hitze verbrennt es zu Zinnoxid, der Zinnasche. Zu hoher Bleigehalt im Zinn macht die Oberfläche matt und grau.

Mit dem Stichel kann man Zinn gravieren, mit verdünnten Säuren auch verzierend ätzen. Heiße und konzentrierte Salzsäure, auch Schwefelsäure lösen Zinn auf. Pflanzensäuren greifen es ebenfalls an. Lagert man Zinn in feuchtkalten Räumen mit Temperaturen von bereits unter plus 14 °C, droht die »Zinnpest«: Es bilden sich zunächst graue Flecken, ab minus 20 °C zerfällt das Zinn dann zu Pulver. Das Element Zinn existiert in zwei völlig verschiedenen Erscheinungen, als kristallinstrukturiertes Metall und als amorphes Pulver. Ist ein Gegenstand von der Zinnpest befallen und entwickelt sich Zinnpulver, können bei niedriger Temperatur und eventuell auftretenden Erschütterungen im Umfeld andere Zinngegenstände »angesteckt« werden. Diese zerfallen dann im Lauf der Zeit ebenfalls zu Staub. Zinngerät sollte daher stets benutzt und gepflegt werden.

Zink (Zn, spezifisches Gewicht 6,8 bis 7,2 g/cm^2)   5.2.4

Zink ist bläulich-weiß und hat ein kristallin-blättriges Gefüge. In der Natur kommt es als Verbindung im Erz vor; Fundstätten liegen zum Beispiel in Belgien, Polen, im Rheinland und in Westfalen. Zink ist geschmeidig und lässt sich gut zu Blechen walzen. In Verbindung mit Sauerstoff wird seine Oberfläche stumpfgrau (Zinkkarbonat). Zinksalze sind giftig; als Ätzmittel in der Medizin und als Lötwasser zum Weichlöten finden diese Salze Verwendung. Der Schmelzpunkt von Zinn liegt bei ca. 410 °C, und es fließt gut, weshalb es als Gussmetall verwendet wurde, zum Beispiel in der Friedhofskunst des 19. Jahrhunderts. Bei Berührung mit scharfer Flamme verbrennt es mit blaugrüner Flamme zu einem weißen Pulver. Zink ist in verdünnten Säuren leicht löslich, dabei entwickelt sich häufig Wasserstoff. Kalte, verdünnte Salpetersäure löst Zink ohne Gasentwicklung.

Unter dem Hammerschlag wird es sehr spröde. Die Verarbeitung sollte bei 18 bis 22 °C erfolgen, denn Zink ist kälteempfindlich – es wird brüchig oder reißt ein. Ausdehnen bei Wärme und Zusammenziehen bei

Kälte sind Verhaltensweisen von Zink, die zum Beispiel bei Dachdeckungen beachtet werden müssen (Stehpfalz).

Aus Zink hergestellt wurden, vor allem im Historismus, und werden Metallüberzüge, zum Beispiel für Eisen, Dachaufsätze und Wetterfahnen, Dacheindeckungen, Dachrinnen, Särge, Eimer, Gießkannen, Badewannen und anderes mehr.

5.2.5 Nickel (Ni, spezifisches Gewicht 8,9 g/cm^2)

Nickel wird aus Erzen gelöst; Fundstätten liegen in Kanada, Russland, Neu-Kaledonien und Polen. Seine Farbe ist hellgrau, und es glänzt recht stark. Nickel zeigt einen hohen Grad an Dehnbarkeit und Festigkeit. Sein Schmelzpunkt liegt bei circa 1 400 °C. In der Hitze oxidiert es leicht, und in Luft und Wasser ist es beständig. Da es sehr hart ist, kann man Nickel gut polieren, schmieden und schweißen. Als Legierung hat Nickel große Bedeutung, zum Beispiel in Neusilber, und wird gerne als Überzug zum Korrosionsschutz für Stahl oder als Zahlungsmittel in Form von Münzen verwendet.

5.2.6 Chrom (Cr, spezifisches Gewicht 7,1 g/cm^2)

Chrom wird aus Erz gewonnen; Haupterzeugerländer sind Südafrika, die Türkei, die Philippinen, Russland, Kuba und Albanien. Chrom ist glänzend silbrig und sehr hart. Als Legierungspartner hat Chrom große Bedeutung, zum Beispiel in Chromnickelstählen. Auch als Metallüberzug wird es gerne verwendet. Die Verchromung von Eisen allerdings muss galvanisch erfolgen, nicht durch Aufschmelzen, denn der Schmelzpunkt von Chrom liegt bei 1 765 °C, und bei 1 400 °C wird Eisen zerstört.

5.2.7 Edelstahl (spezifisches Gewicht 7,7 bis 7,9 kg/cm^3)

Edelstahl ist ein Sammelbegriff für nicht rostende Stähle mit mindestens zwölf Prozent Chromanteil. Diese Stähle sind beständig gegen oxidierende und aggressive Substanzen, wie zum Beispiel Abwasser, organische Säuren, Alkohole, Salze oder Öle. Seit seiner Entwicklung im Jahr 1912 ist Edelstahl unter verschiedenen Handelsnamen im Umlauf, zum Beispiel V$_2$A, V$_4$A, Nirosta und Cromargan. Allgemein gültig und richtig ist der Begriff Edelstahl Rostfrei. Als Legierungsstahl mit unterschiedlichsten Zusammensetzungen wird er heute in fast allen Bereichen der Industrie, der Medizin und des Handwerks eingesetzt.

Alle Verfahren der Metallbearbeitung können bei Edelstahl Rostfrei eingesetzt werden. Durch seine Zähigkeit ergeben sich allerdings spezifische Scher- und Lochkräfte, die auch beim Biegen und Kaltverformen beachtet werden müssen. Weichglühen dient zum Aufheben der Kaltverfestigung (1000–1150 °C m² Abschrecken im Wasser). Beim Schmieden ist eine langsame und gleichmäßige Erwärmung erforderlich. Verwendet werden sollten nur spezielle Werkzeuge und Schleifmittel für Edelstahl Rostfrei, denn anderenfalls würden Stahlpartikel übertragen und sich Rostflecken bilden. Edelstahl Rostfrei eignet sich zum Ätzen, Emaillieren und Färben.

Nichteisenmetalle – Leichtmetalle 5.3

Die folgende Übersicht beschreibt die Eigenschaften ausgewählter Leichtmetalle.

Aluminium (Al, spezifisches Gewicht 2,7 g/cm²) 5.3.1

Aluminium ist nach Sauerstoff und Silizium das am meisten verbreitete Element der Erdschale (7,5 % der Erdkruste). Es ist silberweiß und sehr dehnbar. Geliefert wird es, ebenso wie Stahl, in fast allen Formaten und Abmessungen. Es ist ein wichtiger Bestandteil von Legierungen, und als guter Elektrizitäts- und Wärmeleiter wird es in der Industrie eingesetzt. Die Verarbeitungsmöglichkeiten sind sehr vielfältig, man kann es gießen, spanlos formen und gut schweißen und polieren, auch kann man es eloxieren und auf diese Weise vor Oxidation schützen. Sein Schmelzpunkt liegt bei etwa 700 °C; Glühen ist möglich, streicht man mit einem Fichtenholzspan über das gleichmäßig erwärmte Metall, hinterlässt dieser einen Rußstrich. Wärmer darf das Metall aber nicht werden. Laugen greifen es stark, Säuren schwächer an. Aluminium ist widerstandsfähig gegen Witterungseinflüsse; an der Luft ergibt sich eine hellgraue, stumpfe Oxidationsschicht.

Magnesium (Mg, spezifisches Gewicht 1,72 g/cm²) 5.3.2

Magnesium gewinnt man aus Magnesiumsilikaten. Der Schmelzpunkt liegt bei etwa 650 °C, bei Temperaturen darüber verbrennt es mit blendend hellem Licht. Magnesium wird nur legiert verwendet.

Titan (Ti, spezifisches Gewicht 4,5 g/cm³) 5.3.3

Titan ist das vierthäufigste Metall in der Erdkruste. Lagerstätten finden sich in Australien, Südafrika, Kanada, Norwegen und in der Ukraine. Seit etwa fünf Jahrzehnten wird es großtechnisch hergestellt, und der Handel liefert es in Form von Stäben, Bändern, Blechen und Platten. Titan leitet Wärme und Elektrizität schlecht, es ist deshalb gut schmiedbar. Die Glühtemperatur liegt zwischen 650 und 850 °C. Bei ‚kaltem', spanlosem Umformen sollte das Werkstück leicht erwärmt werden, um Risse zu vermeiden. Bei der spanenden Umformung muss die Schnittgeschwindigkeit niedrig sein, da das Material mit dem Werkzeug verschweißen kann. Titanspäne und Schleifstaub sind leicht brennbar.

Wichtige Eigenschaften des Titans sind hohe Festigkeit, gute Korrosionsbeständigkeit und geringe Dichte, gute Oxidationsfähigkeit und hervorragendes Streckgrenzenverhältnis. Es wird in der Luft- und Raumfahrt, der Chemie, Medizin, Feinmechanik, im Schiffsbau, in der Elektronik und im Kunsthandwerk wie in der Denkmalpflege eingesetzt, vor allem weil es Gewicht spart, gegenüber Stahl zum Beispiel 42 Prozent.

5.4 Edelmetalle

Zu den Edelmetallen zählen Gold, Silber und Platin. Diese Metalle gehen nur schwer chemische Verbindungen ein.

5.4.1 Gold (Au, spezifisches Gewicht 19,3 g/cm^2)

Gold ist das älteste Schmuckmetall mit strahlend gelbem Glanz. Fundstätten liegen in Südafrika, Russland, Kanada, in den USA und in Ghana. Gold ist nur in Königswasser (ein Teil Salpetersäure + drei Teile Salzsäure) löslich, ansonsten beständig gegen Säure und Korrosion. Deshalb wird es gerne als Metallüberzug verwendet, in Form von mechanischer Vergoldung, Feuervergoldung und Galvanik. Gold kann man gut polieren und dehnen; ein Kilogramm lässt sich zu einem Draht von zwei Kilometern Länge ausziehen. Das Edelmetall wird auch zu Blattgold geschlagen. Als reines Gold ist es 24karätig, es wird in Legierungen verarbeitet. Sein Schmelzpunkt liegt bei 1063 °C.

5.4.2 Silber (Ag, spezifisches Gewicht 10,5 g/cm^2)/Silberlote

Silber wird wie Gold als Schmuckmetall und als Material für hochwertige Gebrauchsgegenstände verwendet. Wichtige Fundstätten liegen in Mexiko, in den USA, in Kanada, Peru, Russland, Australien, Japan und auch in Deutschland. Silberarbeiten sind meistens geschmiedet. Das Edelmetall hat eine warme, weiße Farbigkeit. Luftsauerstoff verändert seine Oberfläche nicht, dagegen führt der Schwefelwasserstoff der Luft zur Bildung von Silbersulfid – die Oberfläche wird schwarz. Salpetersäure und erhitzte konzentrierte Schwefelsäure lösen Silber auf, Königswasser bildet Silberchlorid, eine Schutzschicht. Der Schmelzpunkt von Silber liegt bei 960,5 °C. Da es sich gut dehnen und polieren lässt, wurde es früher als Spiegel und Reflektor eingesetzt. Auch als Metallüberzug wurde/wird es verwendet. Unter den Metallen hat Silber die beste Leitfähigkeit für Elektrizität. Seine Verwendungsgebiete liegen unter anderem in der Medizin, der Elektronik, in der Fotoindustrie und im Kunsthandwerk.

Silberlote sind Hartlote mit einem Mindestanteil an Silber von acht Prozent und mit guter Fließeigenschaft zum Verbinden von Metallen.

Platin (Pt, spezifisches Gewicht 21,45 g/cm^2) 5.4.3

Platin hat einen grauweißen Glanz, sein Name ist vom spanischen Wort platina für Silberkörnchen abgeleitet. Hauptfundstätten liegen in Südafrika, Kanada und Russland. Platin ist dehnbar und bei 800 °C schmiedbar. Es ist säureresistent – nur Königswasser löst es – und es hat geringe Leitfähigkeit für Elektrizität und Wärme.

6 Restaurierung und Rekonstruktion von Metallen am Bau

Der Überblick über das Schmieden als Basishandwerk aller Metallberufe erfordert auch das Eingehen auf Korrosion und Korrosionsschutz sowie auf die Techniken der Metallbearbeitung.

6.1 Schmieden

Schmiedeeisen ist Architektur, Plastik und Malerei, ist Strenge und Ernst oder Heiterkeit, ist sachlicher Zweck oder nahezu textiles Ornamentwerk, Licht und Schatten, Ruhe und Unruhe, es trennt und verbindet, schließt ab und öffnet.

Meyers Lexikon definiert »Schmieden« folgendermaßen: »Beim Schmieden werden metallische Werkstoffe in erhitztem Zustand durch Schlag oder Pressdruck umgeformt [...] Der Werkstoff befindet sich im Zustand höchster Formänderungsfähigkeit (Bildsamkeit).«

Man kann es auch anders ausdrücken: Beim Schmieden findet eine gewaltsame Verschiebung kleinster Stahlteilchen in warmem Zustand statt, und zwar derart, dass die Kohäsion (Zusammenhangskraft) nicht verringert wird. Der Stahl wird beim Schmieden dem Druck von zwei Stahlflächen ausgesetzt. Die eine Stahlfläche, die untere, ist meistens die Ambossbahn, die obere, die bewegliche, ist die Breit- oder Schmalbahn des Hammers. Durch den Hammerschlag, der durch das Gewicht und eine gewisse Geschwindigkeit des Hammers sowie das Verharren des Ambosses in Ruhe entsteht, wird eine Verschiebung der kleinsten Teilchen eines zwischen Hammer und Amboss befindlichen Stahls erreicht. Der Stahl verschiebt sich in dem Augenblick, da der Hammerschlag ihn trifft. Die Kunst des Schmiedens besteht nun darin, die Stahlteilchen durch Hammerschläge so zu verschieben, dass der Stahlstab die gewünschte Form erhält.

Physikalisch gesehen wird das grobkristalline Eisen in einen feinkörnigen Zustand überführt, um die Streck- und Bruchgrenze zu erweitern. Die nicht unterbrochenen Werkstückfasern folgen der Form des Werkstücks und führen zur Verbesserung der Qualität des Erzeugnisses. Diese nicht spanende Verarbeitung hat zudem den Vorteil, Werkstoff zu sparen.

Die grundlegenden Tätigkeiten des Schmieds haben sich über Jahrhunderte erhalten, sind also heute auch für die Restaurierung von Bedeutung. Die Werkzeuge, die der Dorf- oder Wagenschmied gebrauchte, sind noch die gleichen, und das Sprichwort »Schmiede das Eisen, solange es heiß ist« ist noch bekannt. Man spricht heute allerdings nicht mehr von »heißem« Eisen, sondern von »warmem«. Denn beim Erhitzen werden drei visuell erkennbare Hitzegrade unterschieden, Rotwarm, Weißwarm und Schweißhitze. Das warme Eisen wird auf dem Amboss geschmiedet. Es wird geglättet (geschlichtet), getrennt (geschrotet) oder zusammengefügt (genietet, gebundet und geschweißt). Bei größeren Teilen schmiedet man heute mit Krafthämmern (zum Beispiel Luft-, Feder- oder Brettfallhammer) – Handarbeit wäre zu aufwendig.

Die technischen Möglichkeiten, galvanische Überzüge und Kombinationen mit anderen Metallen herzustellen, bedeuten eine Bereicherung der Formen- und Farbpalette. Wissenschaft und Forschung führen zu neuen Erkenntnissen, die richtig verarbeitet werden wollen. So hat sich zum Beispiel das Material der Schmiede verändert, härter und spröder, verlangt es heute neue Formen.

Schmiedetechniken 6.2

Die Techniken des Schmiedens lassen sich in drei Gruppen einteilen, die die Ziele der Tätigkeit des Schmieds bezeichnen.

Kneten	Trennen	Verbinden
Stauchen	Abschroten	Schrumpfen
Spitzen/Strecken	Spalten	Schweißen
Ausbreiten	Lochen	Nieten
Absetzen		
Schlichten		
Biegen		
Verdrehen		

Zum Verbinden einzelner Schmiedeteile dienen auch das Schweißen (A+E, autogen und elektrisch), Löten, Verschrauben, Durchstecken, Zapfen, Überplatten, Überkröpfen, Verkeilen, Durchflechten und Falzen (Bleche). Verkitten (kaltes Löten), zum Beispiel Einbleien, stellt eine Verbindung von Eisen zum Stein her.

Stauchen Verkürzung, aber auch Querschnittsvergrößerung eines Schmiedstücks. Das Material wird im rotwarmen Zustand in Richtung seiner Längsachse mit kräftigen Hammerschlägen an der gewünschten Stelle gestaucht. Bis an diese Stelle wird das restliche Material im Wasser abgekühlt, um die Konzentration des Arbeitsgangs auf »den Punkt zubringen«.

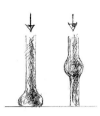

Spitzen, **Strecken** Verlängerung, aber auch Verjüngung des Querschnitts eines Schmiedestücks. Im rotwarmen Zustand wird im Wechsel von oben und von den Flanken mit der Hammerbahn oder auch mit der Finne, gestreckt. Ein Beispiel ist das Anspitzen eines Rund- oder Vierkantstahls.

Biegen Richtungsänderung eines Teils des Schmiedestücks in erwärmtem Zustand, ohne Veränderung der Dicke. Soll winklig gebogen werden, muss ein massebildendes Anstauchen der Biegestelle vorangehen. Man unterscheidet in Rundbiegen, Rollen- und Winkligbiegen.

Verdrehen Drehen des Querschnitts um 90° oder 360° längs der Achse des Schmiedestücks, in Wiederholung zur Spirale oder aufgespalten zur Zirbel; wird zur Verzierung beziehungsweise zur besseren Flächenanpassung an ein anderes Schmiedestück eingesetzt. An einem Ende im Schraubstock fixiert, wird am anderen Ende mit Zange oder Wendeeisen gedreht. Dabei ist das zu drehende Segment rot erwärmt.

Ausbreiten Verbreiterung, aber auf der dazu im rechten Winkel befindlichen Ansicht Verjüngung des Querschnitts eines Schmiedestücks. Rot erwärmt wird, parallel zur Längsrichtung des Werkstücks, mit der Hammerfinne ausgebreitet.

Absetzen Einseitige Querschnittsverkleinerung auf der Ambosskante mit der Hammerbahn.

Schlichten Stauchvorgang zwischen zwei glatten Flächen (Hilfshammer und Amboßbahn), der eine geglättete Oberfläche zur Folge hat.

Abschroten Spanloses Trennen im kalten oder auch rotwarmen Zustand. Ein unter das Schmiedestück gelegtes Blech verhindert das Auftreffen des Schrothammers oder Schrotmeisels auf der gehärteten Ambossbahn.

Spalten Auftrennen des rotwarmen Werkstücks am Rand (Abspalten) oder im Zentrum (Aufspalten) in der Längsrichtung des Materials mit Schlitzhammer oder Schlitzmeißel.

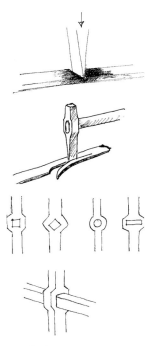

Lochen Spanloser Durchbruch des Schmiedestücks in beliebiger Form mit Lochhammer. Zuerst erfolgt ein Stauchen in der Lochstelle, anschließend wird die Form des Lochs abgeschert. Gelocht wird besonders als Vorbereitung zum Durchstecken (Gitter). Ein gespalteter Schlitz wird aufgedornt, um den entsprechenden Querschnitt zum Durchstecken aufnehmen zu können.

Schrumpfen Über ein kaltes Teil wird zum Beispiel ein Ring geschoben, der erwärmt und daher etwas größer als das kalte Teil ist. Erkaltet zieht er sich zusammen, wird also kleiner und sitzt stramm auf.

Feuerschweißen Als Pressschweißverfahren ohne Zusatzwerkstoff ist es die älteste Schweißtechnik. Zwei materialgleiche Teile werden nach Vorbereitung (Anstauchen, um Masse zu erhalten und je nach Schweißart, s. u.) bei ca. 1 400 °C in teigigem Zustand durch schnelle Pressschläge mit dem Hammer »verknetet«. Ein Schweißmittel, zum Beispiel Quarzsand oder Borax, verhindert

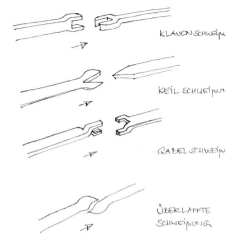

die Oxidation. Schweißarten sind überlappte Schweißung und zusammengesteckte Schweißung wie Gabel-, Keil- und Klauenschweißung.

Nieten Sich kreuzende, aufeinander liegende Stäbe werden durch einen durchgesteckten,

an beiden Enden breitgeschmiedeten Stahlstift verbunden. Nietköpfe sind je nach Größe und Ausbildung ein gestalterisches Element.

Weitere Verfahren, die sich aus den Hauptschmiedetechniken ergeben beziehungsweise Kombinationen darstellen:

Durchstecken Verbindung zweier Stäbe. Das Lochen eines Stabs ist erforderlich.

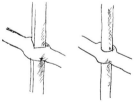

Damaszieren Orientalische Technik, durch die Kreuzzüge (Damaskus) in Europa bekannt geworden. Nicht härtbarer (weicher) Stahl wird mit härtbarem Stahl im Feuer in verschiedenen Lagen verschweißt. Dadurch entsteht ein elastischer und trotzdem harter Stahl, der für Messer und Schwerter Verwendung fand. Erkennbar ist er an seiner Musterung, Hell und Dunkel im Wechsel, ähnlich einer Marmorierung.

Bunden Müssen zwei oder auch mehrere, zum Teil auch gebogene Stäbe längs miteinander verbunden werden, umklammert man diese mit einem rot erwärmten Metallstreifen. Dieser ist an den Enden abgeschrägt, um sich übereinandergelegt fast unsichtbar der Fuge anzupassen. Beim Abkühlen schrumpft er und sitzt fest. Ein Bund ist gleichzeitig eine Zierform.

Gesenkschmieden Sich wiederholende Zierformen, zum Beispiel in einem Gitter, werden im Ober- und Untergesenk (= Negativhohlformen) pressgeschmiedet.

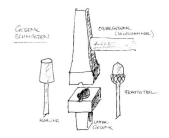

Schroten, Punzieren, Kehlen, Ziselieren Zur Verzierung einer Fläche werden mit Kehlhammer oder speziell geformten Meißeln (Punzen) Vertiefungen wie Linien, Kerben, Raster oder Muster eingeschlagen. Diese Technik wird bei Stahl und Edelstahl in dicken Stärken rotwarm, bei dünneren Blechen und bei Nichteisenmetallen kalt gearbeitet.

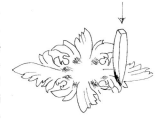

Treiben Reliefartiges Herausarbeiten von Formen aus einem Blech. Das Blech kann beiderseits bearbeitet werden, in eine Hohlform, auf dem Sandsack oder im Treibkitt. Das Material wird gedehnt beziehungsweise gestreckt, also dünner.

Aufziehen Diese Technik der Korpusgürtlerei ist die Umkehrung des Treibens. Vom angezeichneten Boden des entstehenden Gefäßes wird nach außen (zum Rand hin) das Blech mit dem Handhammer spiralenförmig über eine Kante abgeschlagen. Dabei »zieht« sich das Blech ein. Der Vorgang ist stauchend und das Blech verdickt sich.

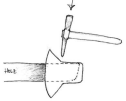

Bördeln Am Blech wird der Rand mit dem Hammer umgelegt, er verdoppelt sich somit.

Drücken Technik, um Serien von runden Blechgefäßen, Halbkugeln oder Lampenschirmen zu fertigen. Über eine Holzform (oder Metall) wird auf der Drück- oder Drehbank eine Blechronde rotierend gedrückt. Das Drücken oder Anmassieren geschieht mittels Drückstahl, einer Holzform, die dem Hohlraum des entstehenden Gefäßes entspricht.

Zierformen ergeben sich, abgesehen von den genannten Techniken zur Querschnittsverformung, auch durch Ausschmieden von Blättern, Ranken, Kelchen, Blumen, Lilien und Rosetten. Für die ungeheuren Möglichkeiten der Gestaltung von Metall seien einige Techniken und Objekte genannt:

Umwickeln und Durchschieben von Material, Punzieren und Einmeißeln, Stabkreuzungen mit Bunden, Verdoppelungen, Herstellen von durchbrochenen, ornamentierten Blechen, Spitzen und Knöpfen, Kartuschen (Schilder), Schriften und Monogrammen; Kränze, Sträuße und Girlanden bis zu Ketten, Balustern, Docken (Pfosten gedreht oder gegossen) und vollplastischen Elementen wie Skulpturen.

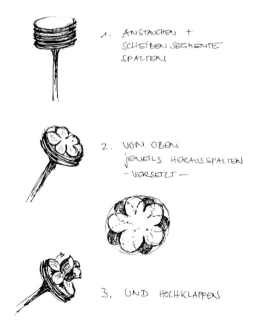

1. ANSTAUCHEN + SCHEIBEN SEGMENTE SPALTEN

2. VON OBEN JEWEILS HERAUSSPALTEN — VERSETZT —

3. UND HOCHKLAPPEN

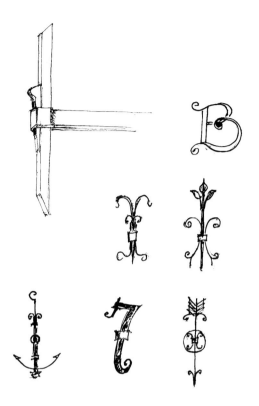

Korrosion von Eisen, Stahl und Stahlguss 6.3

Metalle kommen in der Natur in Form von chemischen Verbindungen (Erzen) vor. Durch den Verhüttungsprozess wird diese Verbindung instabil, und die Metalle sind bestrebt, sich wieder zu binden. Der Einfluss von Sauerstoff und Wasser aus der Luft sowie Temperaturschwankungen lassen auf der Oberfläche ein Eisenoxidhydrat entstehen, den so genannten »Rost«.

Die von der Oberfläche ausgehende unbeabsichtigte oder chemische, auch elektro-chemische Zerstörung eines Werkstoffs wird als Korrosion bezeichnet. Es gibt mehrere Arten der Korrosion: gleichmäßiger Angriff, Lochfraß, interkristalline Korrosion und elektrochemische Korrosion. Unterschieden wird auch in beabsichtigte Korrosion, zum Beispiel an COR-TEN oder Kupfer, und in unbeabsichtigte, zum Beispiel an Stahl oder Messing.

Blankes Material überzieht sich mit abfärbendem Eisenoxidhydrat rotgelb beziehungsweise rotbraun. Im Verlauf der Zeit wird zuerst die Oberfläche zerfressen, später das gesamte Metallteil zerstört.

Es stehen verschiedene »Rostschutzverfahren« zur Verfügung, aus denen für die sachgemäße Restaurierung gemäß den jeweiligen Zusammenhängen gewählt werden muss. Alle »Rostschutzmittel« dienen gleichzeitig der Verschönerung der Oberfläche und werden in durchsichtige und undurchsichtige unterschieden.

6.3.1 Korrosionsschutz

Der Korrosionsschutz dient dazu, die Entstehung von Rost zu verhindern; folgende Verfahren lassen sich für diesen Zweck einsetzen:
- Metallüberzüge (Tauchen, Galvanik, Aufspritzen, Aufwalzen, Feuervergolden und -versilbern, mechanisches Auflegen von dünnen Metallfolien)
- Emailüberzüge
- Farb- und Schutzanstriche
- Oxid- und Phosphatüberzüge (Eloxal, Phosphatieren), unbedeutend für die Denkmalpflege
- Plastiküberzüge, unbedeutend für die Denkmalpflege

6.3.1.1 Metallüberzug

Überzüge können aus den Metallen Zinn, Zink, Kupfer, Blei, Chrom, Nickel, Gold, Silber und Platin bestehen.

Für Metallarbeiten aus früheren Zeiten wurden und werden auch bei der Restaurierung Zinn, Silber und Gold, später Zink, Kupfer, Nickel und Chrom eingesetzt. Durch mechanisches Schleifen oder Strahlen oder chemisches Reinigen mit verdünnten Säuren wird die Oberfläche von Zunder, »Rost«, von Fetten und Farbrückständen befreit. Danach wird der jeweilige Metallüberzug aufgebracht. Kratzer in diesem Überzug sind Ansatzstellen für erneute Korrosion.

6.3.1.2 Emailüberzug

Email ist eine glasartige Schutzschicht, beständig gegen Wasser, Luft und Chemikalien. Zerstörend wirken Temperaturschwankungen und Schlag beziehungsweise Stoß. Email entsteht aus Quarz, Feldspat, Ton, Borax und Metalloxiden, die mit Wasser breiig angedickt werden. Bei etwa 900 °C überschmilzt das Email das Metall. Unterschieden wird in Industrieemail auf Stahl und Schmuckemail auf Kupfer.

Farb- oder Schutzanstrich 6.3.1.3

Anstriche sind das am häufigsten verwendete Korrosionsschutzmittel. Farbe besteht aus Bindemittel und Farbkörper. Erdfarben sind deckend-lasierende organische Farbstoffe. Ebenfalls deckend sind Anstriche aus Graphit oder Silikatfarben, gemischt mit Wasserglas, Asphalt und Teer. Als Bindemittel dienen Leinöl beziehungsweise Firnis.

Farbanstriche bestehen aus Grund- und Deckanstrich. Grundanstriche sollen mager, Deckanstriche sollen öl- und fetthaltig ausgebildet sein. Zwei bis drei, auch vier aufeinander abgestimmte Farben genügen für einen Anstrich; zu grelle Töne sollten vermieden werden.

Fugen und Löcher werden ausgespachtelt, zum Beispiel mit Mennigekitt, kleine Risse werden mit Leinölfirnis ausgepinselt.

Farbgebung in und an historischen Bauwerken 6.3.1.4

In den einzelnen Epochen der Baugeschichte haben sich charakteristische Farbgebungen entwickelt:

Romanik	leuchtende Farben, Rot, Gelb, Grün, Blau
Gotik	wie in der Romanik, hinzu kommt Gold
Renaissance	satte, dunkle Farben, Blau, Rot, Orange, Purpur, Grün, Gelb
Barock	kräftige, gebrochene Farben, Rot, Purpur, Orange, Blau, Grün, Gelb; Gold wurde reichlich verwendet
Rokoko	helle, gebrochene Farben, Rot, Blau, Orange, Grün, Gelb
Klassizismus	Grau, Pompejirot, gedämpfte Farben, tonig abgestufte Pastelltöne; leuchtende Akzente wurden sparsam eingesetzt
Empire	kühle, kräftige Farben, Grün, Zitronengelb, Violett, Blau, Rot
Biedermeier	Ocker, Elfenbein, Weiß und Gold; Pastellfarben wurden sparsam eingesetzt
Jugendstil	klare Farben mit starken Kontrasten, Violett, Blau, Grau, Grün, Gelb, Rot

Die Farbgebung an Eisenarbeiten bestimmt zunächst vor allem der Korrosionsschutz. Der Schutzanstrich wurde meist nur in Rot, zum Beispiel mit Bleimennige, Schwarz, zum Beispiel mit Teer oder Pech, und Grau, zum Beispiel mit Graphitfarbe, durchgeführt. Schmiedearbeiten wurden lange Zeit in Schwarz gehalten; nicht alles war von Grund auf schwarz, allerdings oft schwarz überstrichen

Durch eingehende Untersuchungen ermittelt man die ursprüngliche Farbigkeit, auch von Gittern, Grabkreuzen, Schlössern und Riegeln. In der Gotik bemalte man Türbänder oft rot, hinzu kamen weiße Ornamente und Beschläge auf farbigem Leder. Die Gitter der Renaissance mit ihren Grotesken beziehungsweise Maskarons waren lebhaft bemalt. Knotenpunkte, Spindelblumen und Rosetten, ja ganze Achterschlaufengitter und Wandarme für Gasthäuser wurden farbig betont oder mit Gold oder Silber versehen. Im Barock unterstrich man die üppige Gestaltung mit viel Gold, oft wurden Gitter und Leuchter komplett vergoldet; blaue, rote oder braune Begrenzungslinien hoben die Vergoldung hervor. Das Rokoko bevorzugte zartere Farben, die fast an Porzellanmalerei erinnern; die Farbigkeit war nie naturalistisch, sondern sollte das bemalte Eisen hervorheben. Das 19. Jahrhundert war dann eher »farbenfeindlich«, in Reaktion auf die überschwänglichen Farbgebungen der vorangegangenen Epochen. Man mied buntes Metall, Grau und Schwarz herrschten vor. Die Farben wurden dünn aufgetragen, um die Bearbeitungsspuren nicht zu verwischen.

6.3.1.5 Färben metallischer Oberflächen

Korrosionsschutz soll gleichzeitig der Verschönerung der Oberfläche dienen. Für die Wirkung des Materials Eisen ohne Farbauftrag hat man vor allem für die Innenausstattung von Gebäuden spezielle Techniken entwickelt:

- Eisengrau erhält man durch Sandstrahlen und Scheuern in einer Scheuertrommel beziehungsweise Bürsten mit einer Drahtbürste.
- Silbergrau erhält man durch Schleifen oder Beizen in Säure. Um das Metall nach derartiger Behandlung vor Korrosion zu schützen, wird geschmolzener Talg oder geschmolzenes Wachs in einer dünnen Schicht aufgetragen, die die Poren versiegelt und seidigen Glanz erzeugt. Zum Versiegeln kann auch Zappon bei etwa 60 °C Metallwärme aufgewischt werden.
- Blau erhält man aus der Anlassfarbe Blau durch Wärme oder durch ein Bad des Metalls in gelöstem Blutlaugensalz.

- Schwarz erhält man durch »Schwarzbrennen«. Dünn und gleichmäßig aufgetragenes Leinöl oder Bienenwachs wird zur Verschönerung auf das Schmiedestück aufgebrannt, sie bieten keinen oder nur begrenzten Schutz.
- Braun entsteht als Vorstufe zum Schwarzbrennen oder durch Brünieren, das Erzeugen von künstlichem Rost. Ein Brünierbad kann zum Beispiel aus einer Mischung von Schwefelblüten, versetzt mit Ruß, bestehen. Das Verfahren kennt man aus der Schusswaffenherstellung.

Färben von Eisenguss 6.3.1.6

Eisenguss muss zunächst mechanisch oder chemisch gesäubert worden sein, bevor er in verdünnter Salpetersäure gebeizt wird. Um zum Beispiel eine braune Färbung zu erzielen, lässt man Salzsäure, Salpetersäure und Essigsäure als Gemisch verdampfen und setzt den Guss diesem Dampf aus. Danach erwärmt man das Gussteil auf etwa 300 °C, wobei sich der bronzeartige Farbton ergibt. Aufgeriebene Vaseline erhöht die Haltbarkeit. Schwarz ergibt das Abbrennen von zum Beispiel Leinöl oder Bienenwachs.

Korrosion der Nichteisenmetalle 6.4

Auf die Anfälligkeit der Nichteisenmetalle für die Einwirkung von Sauerstoff, Feuchtigkeit, Säuren und Laugen wurde bereits eingegangen (Punkt 5.2 bis 5.4.3, Seite 79-87); hier sei weiterführend auf die Pflege beziehungsweise die Verträglichkeit der einzelnen Metalle untereinander hingewiesen.

Viele Metalle verändern sich an der Luft (stille Oxidation). Es entstehen Metalloxide, die eine Verfärbung bewirken, was nicht immer gewünscht ist. Die Oxidationsreihe gibt Auskunft über die Oxidierbarkeit:

Magnesium-Aluminium-Zink-Chrom-Eisen-Nickel-Zinn-Blei-Kupfer-Silber-Gold-Platin
unedel——————————————————————————————edel
leicht zu oxidieren——————————————————————schwer zu oxidieren

Die unedlen Metalle reagieren mit Säuren zu Wasserstoffgas und dem jeweiligen Salz. Aluminium und Zink können sogar mit alkalischen Lösungen reagieren. Die edleren Metalle oder deren Oxide greifen die unedleren Metalle an beziehungsweise zerstören diese. Zink zum Beispiel wird, wenn es sich ständig mit Eisen oder Kupfer berührt, allmählich zerstört.

Hinweise für den Umgang mit Metallen an Gebäuden
Teer, etwa in Dachpappe, enthält organische Säuren. Regenwasser mit einem ph-Wert von 5,5 ist sauer. Beides greift *Zink* an, speziell im Dachbereich. Auch gilt die Nähe von Laubbäumen als Risiko, nicht nur wegen der Verschmutzung durch Blätter, sondern weil Gerbsäure Zink ebenfalls angreift.

Messing als Legierung aus ca. 70 Prozent Kupfer und 25 bis 40 Prozent Zink ist aufgrund des Zinkgehalts nicht unbedingt für den Außenbereich geeignet, es sei denn, die Oxidschicht wird ständig beseitigt oder die Oberfläche ist versiegelt. Messingschilder, Türbeschlagwerk, Geländerteile zum Beispiel müssen, falls man sich doch für dieses Material entscheidet, regelmäßig geputzt werden. Aber auch dann kann Messing im Außenbereich brüchig werden.

Aluminium kann durch den Einfluss eines benachbarten edleren Metalls zerstört werden, aber auch durch den Einfluss von Regenwasser, das den basischen Mauerkalk auswäscht und über das Metall leitet, wobei Kalziumaluminat entsteht. Wenn die Oxidschicht an der Oberfläche zerstört ist, zerfällt das Aluminium regelrecht. Risse, die durch unsachgemäßes Kanten entstanden sein können, sind eine Angriffsstelle für die Zerstörung.

Edelstahl (V2A) ist durch gechlortes Wasser gefährdet, vor allem in Schwimmbädern. Es entsteht eine unterchlorige Säure, eine Art von Salzsäure, die V2A aufblühen lässt.

Werden Metalle im Außenbereich eingesetzt oder behandelt, ist die elektrochemische Spannungsreihe beziehungsweise Oxidationsreihe zu beachten, das heißt, es ist zu prüfen, welche Metalle im Umfeld vorkommen. Dementsprechend ist ein Oberflächenschutz (z. B. Farbe, Metallüberzug) zu wählen, der den elektro-chemischen Angriffen standhält.

Auch mit der Wahl der Materialien gemäß der Spannungsreihe kann man auf dieses Umfeld eingehen.

Vor einer Restaurierung muss das Metall mechanisch oder chemisch gereinigt werden, um die Basis für den Oberflächenschutz vorzubereiten. Es gibt eine Reihe von Verfahren der chemischen Metallfärbung, um der Oberfläche des Nichteisenmetalls nach der Reinigung die ursprüngliche Farbigkeit zu verleihen,

Auf den folgenden beiden Seiten sind Bildbeispiele für weniger gelungene und für gelungene Rekonstruktionen von Metalldetails an historischen Gebäuden einander gegenübergestellt – Auftakt für die Folge von ausführlich beschriebenen Metallrestaurierungen.

»Vorbau« in Merseburg: zu wenig sensibel in Anpassung an das Bauwerk

Gitter in Lübeck: aus dem Baumarkt

Brüstungsgitter in Celle: zu zart für das Bauwerk

Neues Tor in historischem Ensemble, Fulda

Balkongitter in Erfurt

Balkongitter in Lübeck

Vordach aus Glas und Metall in Schlitz

Metallrekonstruktionen – gelungene Beispiele

7 Beispiele für Metallrestaurierungen

7.1 Zinnsarkophage, Unionskirche in Idstein im Taunus

Nach Auffassung der Historiker wurde die Fürstengruft der Unionskirche in Idstein, die von 1667 bis 1677 barock umgebaut wurde, bereits zusammen mit der gotischen Vorgängerkirche im 14. Jahrhundert angelegt. Genau genommen handelt es sich um zwei Grabstätten unter dem Chorraum der Kirche.

Die größere Gruft liegt unter dem südlichen Chorteil. Als das Grab im Jahr 1875 von dem damaligen Dekan Cuntz vermutlich zum ersten Mal seit der Bestattung geöffnet wurde, fand man die Sarkophage von Fürst Georg August Samuel (1665–1721), seiner Frau Henriette Dorothea (1672–1728) und von Graf Ludwig (1665–1723). Bei der erneuten Öffnung nach einem Hochwasser im Jahr 1956 wurde ein vierter Zinnsarkophag entdeckt, in der Prinz Johannes (1638–1658) bestattet worden war, Sohn des Erbauers der Unionskirche, des Grafen Johannes von Nassau-Idstein-Saarbrücken.

Die zweite Gruft liegt nordöstlich des Choraltars, zum Teil außerhalb der heutigen Kirchenaußenwand, zwischen zwei ehemaligen Strebepfeilern jener gotischen Vorgängerkirche. Bei der ersten Öffnung dieser Gruft im Jahr 1869 wurden die sterblichen Überreste der Gräfin Sibylla Magdalena (1605–1644) gefunden, der ersten Frau des Erbauers der Kirche.

Die Zinnsarkophage vor der Restaurierung

Die Zinnsärge nach der Restaurierung

Im Frühjahr 1933 konnten die Restauratoren schon bei der ersten Besichtigung feststellen, dass die Sarkophage anlässlich der früheren Gruftöffnungen wohl weder gereinigt noch repariert worden waren. Für die Dokumentation ihres Zustands wurden die Särge vermessen, fotografiert und genau beschrieben. Auch wurden die Inschriften, soweit noch erhalten und lesbar, erfasst. In allen Fällen ist der hölzerne Innensarg von einem Übersarg aus Zinn umhüllt. Letzterer ist mit besonderen Schmuckformen und Verzierungen versehen, wie es für Särge von Mitgliedern des Adels und bedeutenden Persönlichkeiten üblich war.

Von großer Bedeutung sind zwei Zinngießermarken an der Kopfplatte des Sarkophags von Fürst Georg August Samuel und in den Ecken zwischen Kopfplatte und Deckelschrägen. In den nur schwach ausgeprägten runden Marken sind die Buchstaben »B« und »C« zu erkennen; es könnte sich um den Zinnstempel des Frankfurter Zinngießermeisters Benedikt Cronobolt handeln.

Die Schäden an den Zinksarkophagen waren vielfältig und ließen sich auf unterschiedliche Ursachen zurückführen, zum Beispiel die korrosionsfördernde hohe Luftfeuchtigkeit aufgrund fehlender beziehungsweise unzureichender Belüftung. Durch undichte Stellen an den Außenwänden und am außerhalb der Kirche liegenden Gewölbe der Gruft sowie über den nicht befestigten Fußboden konnten ständig Kälte und Feuchtigkeit eindringen. Dieses Raumklima ist die Hauptursache dafür, dass an zahlreichen Stellen der Sarkophage die Zinnpest großen Schaden angerichtet hatte, vor allem dort, wo sich Staub und Wasser ansammeln konnten, wie in den Armbeugen der Putti, ihren Flügelansätzen, in den Schwüngen der Akanthusblätter und an den Übergängen der Schriftplatten zu den umgebenden Rahmen.

Engelsköpfchen der Zinnsarkophage vor der Restaurierung

Engelsköpfchen nach der Restaurierung

Kruzifix, Gravur an der Deckplatte des Sarkophags der Gräfin Sibylla Magdalena nach der Freilegung

Vom Gewölbe herabtropfendes Wasser, vermutlich mit gelösten Salzen und Bindemitteln, hatte Korrosionsschäden und Fleckenbildung an den Zinnblechen hervorgerufen. Auch hatten Mörtelspritzer von früheren Putzarbeiten zusammen mit der Feuchtigkeit ihre Spuren auf dem Metall hinterlassen.

Große Schäden hatten die zahlreichen Verformungen bewirkt. Korrosion hatte zu einer Schwächung der Stabilität der Särge geführt, mehrere Kopf- und Fußplatten hatten sich gelöst. Dadurch kam es zum Absinken der Deckenplatte, und zahlreiche Kanteneckleisten waren abgerissen. Verstärkt hat diese Schäden der unachtsame, unsachgemäße

Umgang mit den Sarkophagen bei den früheren Öffnungen der Gruft, insbesondere die Umstellung und anschließende ungünstige Lagerung.

Für die Restaurierung standen nur begrenzte finanzielle Mittel zur Verfügung, deshalb mussten Prioritäten gesetzt werden. Am dringlichsten war es, die chemische Zersetzung aufzuhalten. Daher war neben der Reinigung der Särge und der Entfernung von Oxidationsschichten eine Konservierung unbedingt erforderlich. Bei der Auswahl der Konservierungstechniken musste darauf geachtet werden, dass die zu diesem Zeitpunkt nicht durchzuführenden Restaurierungsarbeiten später ohne größere Schwierigkeiten aufgenommen werden können.

Entscheidend für den bleibenden Erfolg der Restaurierungsarbeiten war die dauerhafte Reduzierung der Feuchtigkeit durch Belüftung beider Grabstätten. Bauliche Veränderungen machten außerdem eine Besichtigung durch die Kirchenbesucher möglich. Geeignete Absperrungen verhindern eine direkte Berührung der Sarkophage und somit die mögliche Übertragung von Handschweiß, der zu Fleckenbildung führen würde.

Zur Entfernung der Oxidationsschicht und der Verunreinigungen wurden je nach Dicke der Schicht und nach Beschaffenheit des Untergrunds unterschiedliche Verfahren und Techniken eingesetzt; grundsätzlich sollte die Reinigung natürlich möglichst substanzschonend vorgenommen werden. So wurden schonende Strahlverfahren sowie Edelstahl- und Messingbürsten verwendet. Grobe Verkrustungen wurden abgeschabt und abgeschliffen. Sehr flach angelegte Ziselierungen, zum Beispiel der Wappen, und Inschriften konnten nur leicht mit Stahlwolle, Flies und Stichel behandelt werden.

Eine überraschende Entdeckung machten die Restauratoren bei der Säuberung der Deckplatte des Sarkophags der Gräfin Sibylla Magdalena: Hier kam ein eingraviertes Kruzifix von bewegender Ausdruckskraft zum Vorschein. Die Körperhaftigkeit ist ähnlich wie auf einem Kupferstich mit Schraffuren herausgearbeitet. Offensichtlich hatte eine Schmutzschicht die flache Gravur mehr als dreihundert Jahre verdeckt.

Fehlstellen und Löcher in den Blechen wurden mit Zinnstopfen verschlossen oder mit Zinn zugeschwemmt und jeweils verlötet. Auf größere Fehlstellen mussten Zinnblechblättchen übergreifend aufgesetzt werden. Zum Teil wurden dazu auch Zinnbleche von Sargresten benutzt, die man in den Grüften fand.

Größere Schwierigkeiten bereitete die Wiederherstellung des verformten Kopfendes am Sarkophag Carl Ludwigs. Beim Versuch, die Ursprungsform mit angelegten Schraubzwingen wiederzugewinnen, traten Kräfte der Verspannung auf, die allein von der Verlötung der Kopfplatte nicht auf Dauer hätten aufgenommen werden können. Daher wurde eine innere Stabilisierung eingebaut, die die Richtkräfte aufnehmen soll. Zur dauerhaften Beseitigung der Restdeformationen am Kopfende wurde der Sarkophag längsseitig auf zwei Kanthölzer gestellt. Durch sein Eigengewicht wird er sich im Lauf der Zeit teils selbst wieder setzen und ausrichten.

Alle gereinigten und zum Teil restaurierten Zinnsarkophage wurden zum Schluss mit Bienenwachs und Rindertalg behandelt. Um sie vor weiterem Verfall zu schützen, wurde mit der Kirchengemeinde vereinbart, dass zusätzlich zu den baulichen Veränderungen zur Reduzierung der Feuchtigkeit mindestens einmal jährlich eine Reinigung und gegebenenfalls eine Nachkonservierung durchgeführt werden soll.

7.2 Dachaufsätze, Schloss Philippsruhe in Hanau, Hessen

Eine Dachsanierung, das heißt eine Neueindeckung mit Schiefer, war der Anlass, die vasenförmigen Dachaufsätze der Gebäude von Schloss Philippsruhe in Hanau zu restaurieren. Als barocke Bauelemente sind diese Dachbekrönungen getrieben und aufgezogen und aus Einzelelementen wieder verlötet. Durch Blitzeinschlag und Beschuss während des Kriegs

Dachaufsatz des Schlosses Philippsruhe in Hanau vor der Restaurierung

Dachaufsatz nach der Restaurierung

stark beschädigt, waren die ca. 1,6 Meter hohen Aufsätze aus Kupferblech instabil und undicht geworden. Regenwasser und Frost konnten ungehindert in die Deckenkonstruktion der Gebäude eindringen.

Der stark beschädigte Kopfteil der Dachaufsätze wurde am Schaft abgelötet und das angenietete Flammenelement entfernt. Dieses Element wurde, da es total aufgerissen, zerfetzt und an den Bruchstellen porös war, neu angefertigt; die Flammen hat man auf dem Kitt nachziseliert. Die Verbindungsteile wurden versäubert, ebenso die Einschusslöcher. Mit dem Prelleisen wurden dann alle Beulen herausgeformt, anschließend alle Einschusslöcher mit Aufsatzstücken aus Kupfer verschlossen. Schließlich wurden die Einzelteile wieder verlötet beziehungsweise vernietet.

Die Untersuchung hatte ergeben, dass zur Höhung der Formen Blattvergoldungen aufgebracht waren. Diese wurden partiell mechanisch versäubert und zur Neuvergoldung grundiert. Nachträglich wurden die zum Löten blank gesäuberten Teile dem vorhandenen »Grünspan« angepasst und chemisch gefärbt, um das Gesamtbild zu erhalten.

Ein vor rund sechzig Jahren seitlich angebrachter Blitzableiter aus Eisen hatte eine braune Eisenoxidschicht auf der Kupferpatina hinterlassen, man hat sie vorsichtig entfernt und blanke Stellen ebenfalls nachpatiniert.

Da das alte Untergerüst aus Eisen stark beschädigt war, musste es durch ein Gerüst aus Edelstahl Rostfrei ersetzt werden.

7.3 Fahnenstangenhalter »Adler« in Chemnitz, Sachsen

Ein Fahnenstangenhalter aus Stahlblech an einer historischen Hausfassade in Chemnitz war mangels Pflege derart korrosionsgeschädigt, dass er herunterzufallen drohte. Er muss um 1910 entstanden sein, da die betreffende Häuserzeile in jener Zeit gebaut wurde.

Die einzelnen getriebenen Blechformen sind auf ein Grundgerüst aus geschmiedeten und vernieteten Flachstählen teils genietet, teils geschraubt. Bis auf den relativ naturalistischen Kopf des Adlers ist der Vogelkörper mit Federn und Flügeln stark neobarock stilisiert, die Federn lösen sich förmlich in Akanthusblätter auf. Auf der Brust sitzt ein Schild mit den Initialen »C+A«, die einst vergoldet waren. Der Fahnenhalter war mit vier kräftigen Ankerbolzen an der Wand befestigt, sein Gewicht ist nicht unerheblich, was schon seine Masse (Höhe 2,10 m, Breite 1 m, Tiefe 0,75 m) zeigt. Die Fahnenstange führt vom unteren Teil des Adlers an der Wand diagonal durch den Körper nach oben. Im Schnabel trägt der Vogel einen Ring, der die Fahnenstange fasst.

Der Verfallszustand machte das Zerlegen in sämtliche Einzelteile erforderlich. Nachdem diese mit Glasperlenstrahlen und Drahtbürste gesäubert waren, wurden die fehlenden Teile neu angefertigt bezie-

Fahnenstangenhalter »Adler« aus Chemnitz, Details vor der Restaurierung

Fahnenstangenhalter »Adler«, zerlegt bis auf das Grundgerüst

Fahnenstangenhalter »Adler« nach der Restaurierung

hungsweise ergänzt: das Hauptakanthusblatt, vom Fußteil an der Wand bis zur Brust etwa 1,5 Meter lang, Federsegmente an Hals und Flügelpartie, ein kompletter Flügel sowie Konstruktionsteile in Flachstahl.

Aus Untersuchungen der Farbe wusste man, dass die Grundierung aus Bleimennige und der Deckanstrich aus einem Leinöl-Graphit-Gemisch bestand. So wurden große Lochfraßstellen mit Mennigekitt gespachtelt. Nach Abschluss der Restaurierung und vor dem Zusammenbau wurden alle Teile sorgfältig grundiert und wieder mit einem gleichen Deckanstrich versehen. Schließlich hat man den Adler nach dem Schrauben beziehungsweise Nieten nochmals farblich behandelt, um die Verbindungen der Segmente zu schützen. Die Vergoldung der Initialen erfolgte durch Blattgold von $23^{3/4}$ Karat.

Zu empfehlen ist kontinuierliche Pflege sowie eine Wartung alle fünf Jahre, um das Ansetzen von Korrosion an »Sackstellen« der Verbindungen zu verhindern – eine aufwendige Restaurierungsarbeit mit hohem Arbeitsstundenanteil.

7.4 Truhe, Ronneburg bei Büdingen, Hessen

Die Eichentruhe mit Beschlagwerk aus Eisen, massiv, in Brettbauweise mit offener Zinkung, stammt aus dem Besitz der Grafen von Isenburg. Die Art der Ausführung und die Form der Beschläge legen eine Datierung in das 18. Jahrhundert nahe. Da die Truhe in einem feuchten Kellergewölbe auf einem Lehmfußboden gestanden hatte, war ihr Boden zu rund 50 Prozent durch Moderfäule zerstört. Ebenfalls zerstört war das Beschlagwerk im Bodenbereich aus ungefähr 40 Millimeter breiten

Truhe aus Ronneberg, Verfallszustand vor der Restaurierung

Truhe aus Ronneberg nach der Restaurierung

Eisenbändern, die um die Truhe herumgeführt und mit Schmiedenägeln befestigt waren.

Fehlende Teile wie Schloss, Schlüssel, Schlüsselschild, Hirnleisten, Deckelteile, Bodenteile, Schmiedenägel ließen sich rekonstruieren, da zum Beispiel Schloss und Schlüsselschild Abdrücke auf dem Holz hinterlassen hatten. Eine farbige Fassung war nicht zu erkennen.

Die Restaurierung erforderte die Zusammenarbeit mit dem Schreinerhandwerk. Die beiden unterschiedlichen Möglichkeiten einer Restaurierung der Truhe orientierten sich an den Vorstellungen des Eigentümers von einer späteren Nutzung.

1. Wiederherstellen der äußeren Form und der Funktionstüchtigkeit:

Zerlegen, Sichern, Verleimen der offenen Fugen, Ergänzen von Fehlstellen, Einfügen falscher Zinken, Reinigen, Einlassen mit verdünntem Schellack, Gangbarmachen.

Da die Truhe vorwiegend im unteren Bereich Fehlstellen aufweist, müsste man zur Ergänzung das gesamte Beschlagwerk abnehmen. Erfahrungsgemäß sitzen jedoch die handgeschmiedeten Nägel derart fest (-gerostet) im Eichenholz, dass nach der Demontage ein großer Teil von ihnen abgebrochen und verloren wäre. Auch ergäbe sich ein problematisches Nebeneinander von ergänztem, neuem Eichenholz und altem, verwittertem Holz. Der praktische Nutzen wäre letztlich sehr in Frage gestellt, denn die Truhe ist als Aufbewahrungsmöbel nicht mehr zeitgemäß, schon gar nicht wird sie auf Reisen mitgenommen.

2. Belassen des Ist-Zustands, gegebenenfalls Rekonstruktion mit vom Objekt vorgegebenen Handwerkstechniken:

Sichern loser Holz- und Beschlagteile, Festigen von morschem Holz, Reinigen, Einlassen mit verdünntem Schellack. Reinigen und Ergänzen der Beschlagteile, Rekonstruktion des Schlosses und des Schlüssels, Versiegelung und Färbung des Eisens mit Bienenwachs und Aufnageln der Beschlagteile mit neu gefertigten Schmiedenägeln.

7.5 Deckenlampe (Ampel)

Die achteckige Deckenlampe mit Haltekonstruktion wurde in der Zeit des Historismus wahrscheinlich als Torbogenbeleuchtung gefertigt; über ihre Herkunft weiß man nichts. Die aus Flachstahl und Blech geschmiedete und getriebene Ampel mit einer Größe von etwa 110 mal 40 Zentimetern war derart deformiert, dass sämtliche Verglasungen zerstört oder nicht mehr vorhanden waren; sie wies starke Oberflächenkorrosion auf, Verbeulungen an allen Teilen sowie Korrosion der historischen Elektrik (Kabel und Fassungen). Da die Lampe als Einzelstück und als Zeuge ihrer Entstehungszeit von Bedeutung ist, bot es sich an, ihre Substanz zu erhalten und zu konservieren.

Eine Farbuntersuchung ergab Reste von Mennige und einem Leinöl-Graphit-Gemisch. Um die Oberflächenstruktur der gepunzten Teile und der getriebenen figürlichen Darstellungen zu erhalten, entschied man sich für eine manuelle Entrostung; die Farbe wurde mit weicher Flamme abgebrannt. Anschließend wurde die Lampe mit lokaler Wärme (Brenner autogen), Hammer und Schmiedezange gerichtet. Gerissene Blechteile konnten autogen verschweißt, lose Teile wieder angenietet werden.

Achteckige Deckenlampe, wahrscheinlich zur Beleuchtung eines Torbogens, nach der Restaurierung

Als Ergänzungen wurden acht Glasscheiben mit neu gefertigten Kupferklammern und vier Kerzenimitationshülsen zur Aufnahme der Leuchtmittel angebracht. Alle Kabel wurden nach den DIN-Vorschriften für textilumhüllte Kabel erneuert. Zuvor waren ein Mennigegrundanstrich und zwei Deckanstriche mit einem Leinöl-Graphit-Gemisch aufgetragen worden. Da die Lampe im Innenraum eines Museums aufbewahrt wird, erfordert die Oberfläche keine weitere Pflege zur Verhinderung von Korrosion.

Schmiedeeiserne Gitter, Dornburger Schlösser, Thüringen 7.6

Im Auftrag der Stiftung Weimarer Klassik sollten die neobarocken Gitter des Gartens beziehungsweise Ehrenhofs der Dornburger Schlösser, Arbeiten des Historismus nach italienischem Vorbild, restauriert werden. Aufgrund mangelnder Pflege »blühte« das Eisen an den Verbindungsstellen der Ornamente aus Flachstahl durch Korrosion förmlich auf.

Nach einer eingehenden Bestandsaufnahme mit Fotos und Kennzeichnung der einzelnen Felder erfolgte die Demontage. Dabei rissen die

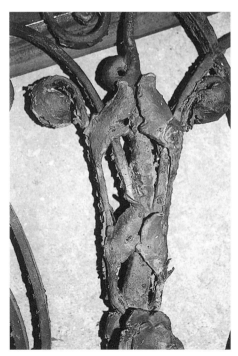

Detail der schmiedeeisernen Gitter der Dornburger Schlösser im Verfallszustand vor der Restaurierung

Rekonstruiertes Blattsegment aus dem Gitter der Dornburger Schlösser

Gitter der Dornburger Schlösser nach der Rekonstruktion und Montage

festgerosteten Verschraubungen ab; sie wurden, wie auch die Nietverbindungen, angebohrt. Die Pfosten wurden vorsichtig freigestemmt. In der Werkstatt erfolgte dann die Reinigung durch Sandstrahlen (DIN SA 3). An den Knotenpunkten und Materialüberschneidungen des Gitters musste man Farbreste und Rostaufblühungen manuell entfernen.

Die Rosetten, Akanthusblätter und Lilienkelche waren verschraubt. Durch Erwärmen dieser Verschraubung ließ sich die Verbindung lösen. Im Anschluss folgte das Richten aller verbogenen Teile. Die fehlenden

Teile mussten ergänzt werden, wofür man die Abwicklungen, Materialstärken und Schmiedelängen der Zierornamente ermittelte. Für die Rekonstruktionen und Neuanfertigung der fehlenden Ornamente in traditioneller Schmiedetechnik wurden spezielle Werkzeuge wie Punzen oder Kehlmeißel hergestellt.

Der Bestand musste gefestigt werden, durch Erneuern loser Nietverbindungen, Hartlöten von Rissen in Blättern und Rosetten und durch Auftragsschweißungen bei Materialverlust durch Korrosion – aus statischen Gründen vor allem an den Gitterholmen – mit Oberflächenbearbeitung wie Schleifen. Der Arbeit mit dem MAG-Schweißverfahren gingen Schweißbarkeits- und Bruchproben voraus.

Auch alte Reparaturspuren aus den Jahren um 1970, Schweißnähte und unbrauchbare Nietlöcher, mussten durch Entfernen oder Vernieten beseitigt werden. Das Matrial der Lilienkelche war durch Oberflächenkorrosion teilweise so schwach geworden, dass eine der Kelchform angepasste Verstärkung beigelegt und verschraubt wurde.

Als alle Einzelteile wieder zusammengefügt waren, erfolgte ein Feinstrahlen der Oberfläche, um Zunderplättchen vom Schmieden zu entfernen. Spritzverzinken und die EP-Grundierung schlossen sich an. Zum Verzinken und Grundieren aufgebogene Ornamentteile wurden wieder angelegt. Schließlich wurde der Deckanstrich mit dem Pinsel unter Verwendung der Schuppenpanzerfarbe Anthrazit aufgebracht. Bei der Montage in Dornburg wurden die Felder des Gitters wieder untereinander verschraubt und die Pfosten in Stein mit Epoxidharzmörtel verfüllt.

Bockdampfmaschine aus Eisenguss/Stahl, Amthorpassagen in Gera, Thüringen 7.7

Die Dampfmaschine aus Eisenguss und Stahl, datiert 1833, hatte einst die Spinnereimaschinen der Firma Morand & Co in Gera angetrieben und stand dann ab 1937 als Anschauungsstück im Außenbereich der Gewerblichen Berufsschule der Stadt. Diese Angaben gehen aus einen Brief hervor, der, als eine Art »Flaschenpost«, im Maschinengestell gefunden wurde (siehe Seite 120). Die Bockdampfmaschine befindet sich heute in der Amthorpassage in Gera. Ohne Fundament hat sie eine Höhe von 5306 und eine Breite von 3562 Millimetern, ein Gewicht von etwa 3600 Kilogramm und eine Leistung von acht PS.

Den Auftrag für die Restaurierung hatte die Firma Metallbau Nowak, gepr. Restaurator im Handwerk, aus Gera erhalten. Nach foto-

Detail der Bockdampfmaschine aus Eisenguss und Stahl in Gera vor der Restaurierung

grafischer und schriftlicher Bestandsaufnahme und nach der teilweisen Demontage wurde die Maschine in einem speziell angefertigtem Transportgestell auf einem Lastkraftwagen und mit einem Kran in die Werkstatt gebracht. Ein Büro für Metallrestaurierung war an den Arbeiten der Wiederherstellung beratend beteiligt.

Zur Feststellung der ursprünglichen Farbfassung wurden zunächst die Farbschichten analysiert. Bei der Zerlegung der Maschine in ihre Einzelteile tauchten Probleme auf: Alle Schraub- und Keilverbindungen waren festgerostet, und gebrochene Tragteile mussten geschweißt werden, um die Maschine im Werkstattbereich mit einem Spezialgerüst überhaupt aufstellen zu können. Eine Gusselektrode auf Nickelbasis für Gusseisenkaltschweißungen wurde eingesetzt.

Die Säule und die Bodenplatte wurden zuerst bearbeitet, um die Basis für den Aufbau der Dampfmaschine zu erhalten. Alle Teile der Maschine wurden mit Schaber, Klingen und Skalpell manuell gesäubert. So konnte die Primärbeschichtung erhalten bleiben. Der starke Verlust an Material durch Korrosion wurde mit 2-Komponenten-Epoxidharzmörtel ausgeglichen. Die Konservierungslösung für Retusche und Nährung der Primärbeschichtung war eine Dammarharzfirnislösung matt mit einem Pigmentanteil von 8 Prozent Eisenoxid schwarz.

Ein Problem war auch das Herausziehen des Kolbens. Der vierte Versuch mittels (12 Tonnen) Wagenheber und zusätzlich angefertigter Druckplatten und Gestänge war erfolgreich. Bei Guss besteht Bruchgefahr – es ist also äußerste Vorsicht geboten. Ein seitliches Anwärmen mit großflächiger Flamme war hilfreich.

Die Einzelteile wurden gesäubert, zum Beispiel Schwungrad, Kurbelwelle, Fliehkraftregler, Dampfleitung, Abdampfleitung, Zylinder und Schiebergehäuse, Drosselklappe und Führung der Kolbenstange. Danach wurde dann wiederum die Konservierungslösung aufgetragen, und abschließend bestrich man die Oberflächen mit einem mikrokristallinen Wachs, Cosmoloid H80, gelöst in Shellsol T, und polierte sie mit weichen Baumwolltüchern. Bewegliche Teile im Inneren der Maschine wurden mit säurefreiem Fett behandelt. Schließlich erfolgte die Montage der Einzelteile an das Maschinengestell. Neu angefertigt wurden zwei Riemenscheiben aus Eichenholz nach dem Original, der Treibriemen aus Leder und eine Kopie des Sandsteinfundamentes.

Bockdampfmaschine in den Amthorpassagen in Gera nach der Restaurierung

»Euch Findern dieser Zeilen sagen wir, haltet dieses gut in Ehren«

Im Jahr

Quellen

Bologna, F.: Die Anfänge der italienischen Malerei. Dresden 1964, S. 16
Buch neuer Künstler. Ludwig Kassák – Laszlo Mokoly-Nagy. Wien 1922
Charta von Venedig, 1964
Das Bauhaus 3, 9. Katalog der Galerien am Sachsenplatz, Leipzig 1978
Denkmalpflege in Hessen 1/1988. Landesamt für Denkmalpflege Hessen, und Gesetz zum Schutze der Kulturdenkmäler (Denkmalschutzgesetz), Fassung vom 5. Sept. 1986
Deutsche Titan GmbH, Essen: Tikrutan
Deutsche Titan GmbH., Dr. H. Sibum: Titan und Titanlegierungen – vom Rohstoff bis zum Halbfertigfabrikat
DIN EN 10155, Wetterfeste Baustähle 08.1993, DA ST-Richtlinie 007
„Form und Zweck", 2. Bauhausheft, Amt für Industrielle Formgestaltung 3, (Berlin) 1979
Geschichte des Eisens. Im Auftrag des Vereins Deutscher Eisenhüttenleute gemeinverständlich dargestellt von Dr. Otto Johannsen. Verlag Stahleisen m.b.H.: Düsseldorf 1924
Hardy, William: A Guide to Art Nouveau Style. Apple Press LTD.: London 1986
Informationsstelle Edelstahl Rostfrei, Düsseldorf: Die Verarbeitung von Edelstahl Rostfrei; Edelstahl Rostfrei –Eigenschaften, Verwendung. 1990
Krauth, Theodor und Franz Sales Meyer: Die Kunst- und Bauschlosserei. E. A. Seemann Verlag: Leipzig 1897
Lietzmann, Klaus-Dieter, Schlegel, Joachim und Arno Hensel: Metallformung. Geschichte, Kunst, Technik. VEB Deutscher Verlag für Grundstoffindustrie, Leipzig 1984
Metzger, Max: Die Kunstschlosserei. Charles Coleman Verlag: Lübeck 1927
Nowak, Klaus: Dokumentation zur Restaurierung der Bockdampfmaschine. Gera 2000
Prof. Fischer, Stahlbau Universität Dortmund, 1992
Thyssen Krupp Stahl, Duisburg: TKS-Werkstoffblätter zu COR-TEN A und B Nr. 531 (August 2000)
Verein Deutscher Eisenhüttenleute, Düsseldorf
Von der Lemme, Arne: A Guide to Art Deco Style. Apple Press LTD.: London 1986

»Wetterfester Baustahl«
WWW.denkmalpflege-forum.de/ersatzstoffe html 10. 01. 2002

Museen mit Sammlungen, die für die Entwicklung der Metallbearbeitung von besonderem Interesse sind:
Coburg, Museum Veste Coburg
Hirzenhain, Buderus Kunstgießerei
Jarville-la-Malgrange (Nancy), Musée de L'Histoire Du Fer
Nürnberg, Germanisches Nationalmuseum
Velbert, Deutsches Schloss- und Beschlägemuseum
Weimar, Bauhaus Museum

Register

Personennamen

Achilleus 11
Agricola, Georg *16*
Athene 11

Barron, Joseph 67
Behrens, Peter 54
Bérain, Jean 39
Bings, Samuel 52
Bogen & Kasten 68
Bramah, Joseph 68
Brisville, Hugues 37

Calder, Alexander 60
Chadwick, Lynn 60
Chillida, Eduardo 60
Chubb, Jeremiah 68

de Cotte, Robert 39
Dürer, Albrecht 12, 30

Edison, Thomas Alva 54
Eligius, heiliger 15
Elisabeth, heilige 27
Eugen, Prinz von Savoyen 40

Gaudí, Antonio 53, *53*, 54
Gonzales, Julio 60
Gropius, Walter 56
Guimard, Hector 54

Hephaistos 11, 14

Hera 14
Heraclius 14
Hethiter 11
Hoffmann, Josef 56
Horta, Victor 53

Isenburg, Grafen von 112
Itten, Johannes 56

Jonsse, Mathurin 37

Karl der Große 12
Karl der Kahle 21
Kromer, Theodor 68
Kühn, Fritz 58

Lamour, Jean 38, 39, *42*, 43
Le Corbusier 56
Leygeber, Gottfried 40
Leonhard, heiliger 15
Ludwig XIII. 38
Ludwig XV. 41
Ludwig XVI. (Louis XVI) 47

Mackintosh, Charles Rennie 53, 55
Maximilian I. 34
Mies van der Rohe, Ludwig 56
Moritz, Karl Philipp 14
Morris, William 51, 52
Muche, Georg 57

Napoleon 48
Nassau-Idstein-Saarbrücken, Johannes Graf von 104
Nassau-Idstein-Saarbrücken, Sibylla Magdalena Gräfin von 104, 107
Nassau-Idstein-Saarbrücken, Ludwig Graf von 104, 107
Nassau-Idstein-Saarbrücken, Georg August Samuel Fürst von 104, 105
Nassau-Idstein-Saarbrücken, Johannes Prinz von 104
Nassau-Idstein-Saarbrücken, Henriette Dorothea Fürstin von 104

Oegg, Johann Georg *42*, 43
Olbrich, Josef Maria 54

Paxton, Joseph 51
Petrucci, Francesco 28

Riemerschmid, Richard 54
Rietveld, Gerrit 57
Ruge, Hans 34
Ruskin, John 51, 52

Serra, Richard 60

Thor 12
Tutachamun 55

Velde, Henry van de 54
Vliet, J. G. *13*

Wagner, Otto 53, 54
Wickinson, J. 50
Winckelmann, Johann Joachim 46

Yale, Linus 68

Zeus 14
Zeiss-Ikon AG 68

Geographische Namen

Aachen 21
Ägypten 11, 48, 62
Albanien 84
Amberg (Oberpfalz) 20, 30
Amerika/USA 54, 80, 81, 86
Amorbach, Kloster 43
Aquileja 20
Arnstadt *53*
Augsburg 28, 29
Augsburg, Dom 34
Augsburg, St. Ulrich 34, 40
Australien 82, 85, 86

Bad Mergentheim 48

Barcelona 52, 53
Barcelona, Casa Mila *53*, 54
Barcelona, gotisches Viertel *29*
Barcelona, Kathedrale 35
Belgien 83
Berchtesgarden, Obersalzberg 58
Bergisches Land 20
Berlin 48, 52, 58
Berlin, Bauhaus 56
Berlin-Mitte, Dom 50
Berlin-Mitte, Stadtschloss 59
Binz (Rügen), Jagdschloss Granitz 48
Bischofzell, Rathaus 44
Bologna, Palazzo Bevilacqua 33
Brühl 44
Brüssel 52
Brüssel, Hôtel Tassel 53
Brüssel, Villa Stoclet 56
Buchenwald, Konzentrationslager 58
Burgenland 12
Byzanz 32

Celle *102*
Chemnitz 110, *110*, 111
Chicago 52
Chile 80
China 80

Damaskus 92
Dampierre Aube (Bas-Champagne), Schloss 39

Danzig 20
Darmstadt 52
Darmstadt, Künstlerkolonie Mathildenhöhe 54
Dessau, Bauhaus 56, *57*, 57
Deutschland 20, 30, 33, 35, 36, 39, 40, 41, 47, 48, 51, 80, 82, 86
Dornburger Schlösser (Thüringen) 115, *115*, *116*
Dresden, 3. Deutsche Kunstgewerbeausstellung 51

Einsiedeln 40
Eisdorf bei Weißenfels *21*, *22*
England/Großbritannien 20, 47, 51, 54, 82
Erfurt 25, *50*, *103*
Erfurt, Dom 26, *26*

Florenz 32
Florenz, Loggia del Bigallo 28
Florenz, Cappella del Corporale 28
Florenz, S. Croce 28
Frankreich 20, 36, 38, 47, 54
Fulda *49*, *58*, *103*

Gera 61, 117, *118*, *119*
Ghana 86
Glasgow 52, 55
Glasgow, School of Art 53
Görlitz *32*, 47

Görlitz, St. Peter 34
Gotha, Schloss 38
Grafenegg, Niederösterreich, Schloss 34
Granada, Königliche Kapelle 35
Granitz auf Rügen *46*
Griechenland *11*

Halle (Saale) *55*, 59
Hamburg *54*
Hamburg, Straßenbrücke über die Nordelbe 50
Hanau, Schloss Philippsruhe 108, *108*, *109*

Idstein, Taunus, Unionskirche 104, *104*, *105*, *106*
Indonesien 82
Innsbruck 20, *31*, *39*
Issogne, Schloss 33
Italien 20, 28, 30, 32, 38, 47
Italien, Novara 38

Japan 86
Judenburg 20

Kanada 82, 84, 85, 86, 87
Kärnten 12, 20, 28
Kongo 82
Konstanz, Dom 40
Krems, Spital 29
Kuba 84

Laupheim, Stadtpfarrkirche *15*
Le Puy, Kathedrale 24

Löbau, Friedrich-August-Turm 48
London 20, 52
London, Buckingham Palace 38
London, Gebäude der BBC am Portland Place 56
London, Kristallpalast 51
London, Woolwich, Odeon-Kino 56
Lucca 32
Lübeck 20, *37*, *43*, *102*, *103*
Lüneburg 35
Lüttich 20
Lüttich, Kathedrale St. Paul 23
Luzern, Dom 40

Maison-sur-Seine, Schloss 38
Malaysia 82
Mannheim 41
Marburg, Elisabethkirche 27
Marcevols, Abtei 24
Marokko 82
Maulbronn, Klosterkirche 23
Merseburg *102*
Metz 39
Mexiko 82, 86
Millstatt, Taufkapelle 29
Modena 38
Mondsee, Stiftskirche 29
München 51, 52
Muri 40

Nancy 38, 43, 52
Nancy, Place Stanislaus *42*
Neiße, Schlesien, Brunnengitterhäuschen 34
Neu-Kaledonien 84
Neuwied 13
New York 52, 56
New York, Radio City Music Hall 56
Nigeria 82
Normandie 20
Norwegen 85
Nürnberg 29, 30
Nürnberg, Schöner Brunnen *33*

Obermarchtal 40
Österreich 82
Ostindien 82

Paris 39, 40, 47, 52, 55
Paris, Eiffelturm *51*
Paris, Justizpalast *48*
Paris, Metro-Eingänge 54
Paris, Notre-Dame 24, 26, *26*
Paris, Sacré-Cœur 50
Palencia, Kathedrale 24
Pavia, Kartause 38
Persien 12
Peru 82, 86
Philippinen 84
Piacenza 33
Polen 83, 84
Pompeji 21

Raincy (bei Paris), Notre-Dame 56
Regensburg 30

Regensburg, St. Emmeram 40
Rheinland 83
Riga 52
Rom 13, 38
Rom, S. Giovanni in Laterano 47
Ronneburg (bei Büdingen), Hessen 112, *112*, *113*
Russland 82, 84, 86, 87

Salamanca, Casa de las Concas 35
Salzburg 12
Saragossa, Kathedrale 35
Schlettstadt, Elsass, St. Georg 23
Schlitz *103*
Schmalkalden 20
Schottland, 54
Schweden 20
Sevilla, Kathedrale 35
Sibirien 80
Siegerland 20
Siena 28
Solingen 68
Spanien 20, 35, 82

Stams, Tirol, Kloster *36*
St. Florian, Oberösterreich, Stift 34
St. Gilles, Kathedrale 24
St. Veit 20
Steiermark 12, 20
Südafrika 84, 85, 86, 87

Teglio, Veltlin, Palazzo Bertà 33
Tesero, Val di Fiemme, Trentino *29*
Thailand 82
Tirol 12, 20
Toskana 28
Türkei 84
Turin, Palast der Akademie der Wissenschaften 38

Ukraine 85
Utrecht, Schröder-Schrader-Haus 57

Veitshöchheim 47
Venedig 20
Venedig, Charta von Venedig 72, 74
Venedig, San Servolo 74

Verona 28
Versailles 37, 38

Weingarten, Kloster 40
Weimar 48, *50*
Weimar, Bauhaus 56
Weimar, Haus am Horn 57
Westfalen 20, 82
Wien 52, *52*, 54, 55
Wien, Oberes Belvedere 40, *45*
Wien, Majolikahaus 53
Wien, Postsparkasse 53
Wien, Sezession 54
Würzburg, Residenz 36, 38, 42, *42*
Würzburg, Dom 43

Zwiefalten, Kloster 40

Kursive Seitenzahlen verweisen auf Abbildungen.

Bildnachweis

Ulrich Barnickel, Schlitz   15, 21, 22, 25, 26, 29, 31, 32, 33, 34, 36, 37, 39, 41, 42, 43, 44, 45, 46, 47, 48, 49, 50, 51, 52, 53, 54, 55, 58, 90, 91, 92, 93, 94, 95, 102, 103, 104, 105, 106, 108, 109, 110, 111, 112, 113, 114,

nach: Form und Zweck, Zeitschrift für industrielle Formgestaltung. Berlin, 3/1979   57

nach: Johannsen, Otto: Geschichte des Eisens. Verlag Stahleisen m.b.H.: Düsseldorf 1924   13 unten (S. 53), 16 (S. 35)

nach: Korger, Hildegard: Schrift und Schreiben. VEB Fachbuchverlag: Leipzig 1977   24

nach: Lietzmann, Klaus-Dieter, Joachim Schlegel und Arno Hensel: Metallformung. Geschichte, Kunst, Technik. VEB Deutscher Verlag für Grundstoffindustrie: Leipzig 1984   11 (S. 37), 13 oben (S. 84)
Klaus Nowak, Gera   115, 116, 118, 119, 120